МИР

LOGBUCH

Hanse Sail Rostock

KLAUS-DIETER BLOCK

ANNIKA SCHULZE

HINSTORFF

Hanse Sail
ROSTOCK

INHALT

7 Prolog

9 »Na, wer denn sonst!«
Von der verrückten Idee zu einem außergewöhnlichen Fest

10 Zwischen Skepsis und Zuversicht

11 Ein Glücksfall

12 Wirtschafts- und Imagefaktor Hanse Sail

16 Blick ins Archiv (I)

25 Tradition in Aktion
Willkommen in Rostock: Schiffe und ihre Crews

27 Was die Hanse Sail Rostock besonders macht

28 Traditionsschiffe von A bis Z

32 Blick ins Archiv (II)

41 »Wir kriegen das alles hin!«
Organisation, Sail-Team und »Bürgerbewegung«

41 Außergewöhnliche maritime Energien an der Spitze

45 Auf der Suche nach neuen Ufern

48 Blick ins Archiv (III)

57 Das Netzwerk der Hanse Sail
Partner und Sponsoren

60 Förderer an Bord

61 Starke Partner

64 Blick ins Archiv (IV)

69 Einfach mitmachen!
Von Mitseglern und sportlichen Höhepunkten

70 Der Reiz der Regatten
77 Sportliches zur Sail
80 Blick ins Archiv (V)
85 **Lohnende Landgänge**
Musik, Markt und mehr
85 Kulturfest Hanse Sail
90 Kirchen, Kunst und Konferenzen
93 Blick ins Archiv (VI)
99 **Ein Quell immer neuer Ideen**
Projekte rund um die Sail
100 Eine Bark für Rostock
104 Fachlicher Tiefgang und Nachwuchspflege
106 Blick ins Archiv (VII)
111 **Die Ostsee – das Meer der Traditionssegler**
Hanse Sail international
112 Die Baltic-Sail-Bewegung
113 Von Schiffsrepliken und der »Neuen Hanse«
115 Engagement für den Tourismusraum Ostsee
119 Blick ins Archiv (VIII)
123 **Epilog**
131 **Ein Blick in das maritime Gästebuch der Sail**
137 **Kleine Sail-Chronik**

Prolog

»Hanse Sail Rostock – ein Logbuch«. Die Sail kennen viele, sie hat rund um die Ostsee und auch in anderen Häfen einen guten Namen. Aber ein Logbuch?

Wer zur See fährt, weiß: Ein Logbuch ist die stündliche oder vierstündige Aufzeichnung von Ereignissen und besonderen Vorkommnissen während eines Törns. Und nicht nur gestandene Seeleute, die die Hanse Sail kennen oder sogar an ihr mitwirken, dürften ins Zweifeln kommen: Ein Logbuch seit der ersten Sail 1991 bzw. ihrer Vorbereitung im Herbst 1990 müsste Tausende Seiten umfassen! Und das bei den heutigen Papierpreisen. Zudem wäre eine ganze Mannschaft von Logbuchschreibern erforderlich, um die chronologische Protokollnorm auch nur annähernd zu erfüllen. Und das bei den heutigen klammen Kassen ...
Die Unmöglichkeit eines klassischen Logbuchs spricht für die Hanse Sail, für ihre Vielfalt mit ihren unzähligen Verzweigungen sowie Haupt- und Nebenwirkungen. Unser Logbuch versucht, diese Vielfalt mit Über- und Rückblicken darzustellen und bezieht Zeitdokumente aus Publikationen rund um das maritime Großereignis von verschiedenen Text- und Bildautoren ein, denen wir für die Bereitstellung ihres Materials herzlich danken.

Es ist eher ein »impressionistisches Logbuch«.

Eigentlich ein Widerspruch in sich, aber es sind vor allem Impressionen, die solch ein »verrücktes« und schönes Unternehmen mit sich bringt – von dem komplizierten und produktiven Netzwerk, von den Menschen, die die Sail aktiv gestalten, von denen, die sie genießen sowie von Freuden, Ängsten und Widersprüchen.

In acht Kapiteln werden die Monate vor und während der Sail ebenso widergespiegelt wie der Reichtum der Traditionsschiffe und das Engagement der Skipper und Crews. Das Buch gibt Einblicke in die Organisation des jährlichen Millionenfestes und die große Rolle des mit ihm verknüpften Ehrenamts. Wasser-, Luft- und Landaktionen sowie ihre Träger sind beschreibend festgehalten. Zu diesen zählen auch viele Gäste aus dem Ausland, denn die Hanse Sail Rostock, so zeigt sich besonders im 8. Kapitel, hat eine erstaunliche internationale Anziehungskraft und Ausstrahlung.

Im Epilog schließlich geht es um Visionen. Wie sieht die Sail im Jahre 2018, zum 800. Geburtstag der Hansestadt Rostock, aus? Und hier kommen wir dem klassischen Logbuch wieder etwas näher, in dem der gesteuerte Kurs

und die durch das Log gemessene Geschwindigkeit notiert werden – wichtige Einträge in Hinblick auf die Nachhaltigkeit.

Für neugierige Leser, denen die Rostocker Sail noch ein Buch mit sieben Segeln ist, wird sich das Fest im Folgenden Seite für Seite erschließen. Und der schönste Lohn für Verlag und Autoren wäre es, wenn selbst die Kennerinnen und Kenner der Sail am Schluss sagen: »Guck an, das habe ich noch nicht gewusst.«

Klaus-Dieter Block &
Annika Schulze

Die »Greif« ist gewissermaßen das Flaggschiff von Mecklenburg-Vorpommern.

»Na, wer denn sonst!«

Von der verrückten Idee zu einem außergewöhnlichen Fest

Es gibt historische Zeitfenster, in denen Dinge möglich werden, die in normalen Zeiten undenkbar sind. Zeiten, in denen Projekte beginnen, von denen normale Leute sagen: »Unmöglich«.

Die Geburt der Hanse Sail Rostock fand in besonderen Zeiten statt und die Geburtshelfer waren »unnormale« Leute. Aber zu neuen Ufern kommt man oft nur, wenn man ein bisschen verrückt ist und die Chancen des Zeitgeistes, das Bevorstehen eines möglichen »Urknalls« oder »Kairos«, den günstigsten Zeitpunkt für eine Entscheidung, spürt.

Feuer an die Lunte für diese Entscheidung wurde noch vor der Wiedervereinigung im August 1990 zur Sail Bremerhaven gelegt, als z. B. die Brüder Gerd und Hans-Peter Wenzel gemeinsam mit Wolfgang Schierenbeck den Begeisterungsfunken mit nach Rostock brachten, der hier ein Dutzend Enthusiasten und wenige Monate später auch den damaligen Oberbürgermeister entflammte.

Es war das richtige Ereignis zur richtigen Zeit. Nach der Wende im Herbst 1989 war der »Hunger« der Ostdeutschen nach Internationalität und Weltoffenheit groß. Die wechselseitige Ost-West-Neugier war frisch und führte zu zahlreichen Kontakten und Freundschaften. Dieser günstige Rückenwind des Zeitgeistes half vielfach über die finanziellen und logistischen Anfangsschwierigkeiten der Organisation hinweg.

Aber auch die für viele Menschen unangenehmen und schwierigen Bedingungen der Nachwendezeit trugen kurioserweise zum Gelingen des Projektes Hanse Sail bei. Rostock war das maritime Zentrum der DDR und neben der Messemetropole Leipzig sicher die internationalste Stadt im Osten Deutschlands. Schifffahrt, Schiffbau, Hafenwirtschaft, Fischerei und Marine bestimmten den Puls des Alltags und die Lebensläufe vieler Rostocker, die mit der Wende und dem damit verbundenen wirtschaftlichen Umbau oft einen schmerzhaften Knick bekamen. Was blieb, das waren die enormen Erfahrungen beim Wieder- und Neuaufbau der maritimen Wirtschaft nach dem Zweiten Weltkrieg, die Sachkunde, vielfach die Kenntnis der englischen Sprache und natürlich die Leidenschaft für die Schifffahrt. Hinzu kam eine breite Segelsportgemeinde in Rostock und Warnemünde. Das alles ist zugleich eine Erklärung für das bis heute anhaltende hohe ehrenamtliche Engagement bei der Hanse Sail.

ZWISCHEN SKEPSIS UND ZUVERSICHT

Es war eine glückliche Melange, die den ersten Versuch ohne Netz, doppelten Boden und Generalprobe zum überraschenden und überragenden Erfolg werden ließ.

Doch zwischen dem Frühherbst 1990 und dem Sommer 1991 lagen Monate voller Zweifel und Selbstzweifel. Es war die hohe Zeit der Bedenkenträger und der kurzen Nächte für die Organisatoren. »Können die das?« … »Können wir das?« – So oder ähnlich lauteten die nagenden Fragen.

Hartwig Kalisch, der im November 1990 in die Organisation einstieg, skizzierte später die damals zu überwindenden Schwierigkeiten: »Der skeptischen Anfangsfrage nach den fehlenden Großschiffen folgten nun Bedenken über eine mögliche Blamage, wenn die erwartete Gastgeberrolle für Schiffe, Besucher und Bürger nicht gelingt. Kaianlagen waren teilweise im schlimmen Zustand, anliegende Hafenflächen ebenfalls. Wo soll der hohe Besuch untergebracht werden? Parkplätze für mehrere hunderttausend Besucher sind nicht vorhanden, wie soll die Versorgung funktionieren, wer soll das alles bezahlen, wer trägt ein mögliches Defizit, wenn alles schief geht? Vielleicht doch besser eine Absage als eine Blamage?«

Diese Frage schwebte noch bis April 1991 über den Organisatoren und der Hansestadt Rostock und Kalisch notierte nach einem gemeinsamen Rapport mit Ernst Eppler und Roland Methling im Rathaus, wo über Weiterführung oder Abbruch der Arbeiten entschieden wurde: »Der Oberbürgermeister Dr. Klaus Kilimann hat die Angelegenheit mit einem Kernsatz entschieden. Auf die Frage eines der anwesenden städtischen Juristen, ob denn die Hansestadt Rostock auch das Risiko eines möglichen Defizits tragen solle, antwortet er: ›Na, wer denn sonst!‹ Nun ist auch für den letzten Anwesenden klar, dass die Hanse Sail 1991 nicht eine Seglerparty von Einzelpersonen ist, sondern eine Veranstaltung der Hansestadt Rostock, mit allen Rechten und Pflichten eines Veranstalters.«

Das war der Grundstein für die Nachhaltigkeit der Hanse Sail, auch wenn das Verhältnis zwischen dem Sail-Büro und der Stadtverwaltung nicht immer einfach war und ist, was mit den unterschiedlichen Organisationsstrukturen, Arbeitsweisen, Dienstwegen, aber auch unangebrachten Eitelkeiten zu tun hat.

Als dann die Uraufführung der Rostocker Sail mit einer prächtigen Großseglerflotte sowie einer Million Besuchern aus ganz Europa für Selbstvertrauen gesorgt hatte, schrieben die Organisatoren voller Zuversicht im zweiten Sail-Magazin: »Im Aufwind der Hanse Sail '91 ruft Rostock die internationale Seglergemeinschaft vom 13. – 16. August 1992 zu den ›Hanseatischen Hafentagen‹. Die jährlich wiederkehrenden Hafentage sollen so bekannt werden wie Hamburgs Hafengeburtstag.« Dr. Berndt Seite, der damalige Ministerpräsident und Schirmherr der Veranstaltung, bekannte: »Eine so großartige Stadt an der Küste hat Chancen, auf ganz Europa auszustrahlen.«

HANSE SAIL ROSTOCK '91

PRESSEINFORMATION

"Hanse-Sail Rostock '91":
Liste der aktuellen Schiffszusagen

Vom 22. bis zum 28. Juli dieses Jahres wird in Rostock und in Warnemünde die "Hanse-Sail Rostock '91" stattfinden. Von 20 eingeladenen Großseglern durch den Rostocker Senat haben 11 ihr Kommen bis heute zugesagt. Die Teilnahme vier weiterer Segelschiffe ist zur Zeit noch offen.

Fest vor Anker am Passagierkai in Warnemünde gehen unter anderem nachstehende Großsegler:

"Towarishtsch, UdSSR
Segelschulschiff der sowjetischen Handelsmarine
Baujahr 1933
Heimathafen Cherson (Schwarzes Meer)
80,4 m Länge über alles,
Tiefgang 5,25 m
1.857 qm Segelfläche,
Crew: 48, Trainees: 134

Von den Barken, die bei Blohm & Voss in Serie für die Reichsmarine gebaut wurden, ist die heutige "Towarishtsch" die älteste. Bereits 1933 lief sie unter dem Namen "Gorch Fock I" in Hamburg vom Stapel.
Bis zum Kriegsbeginn 1939 machte sie ausgedehnte Ausbildungsfahrten, im Mai 1945 wurde sie vor Stralsund versenkt. 1948 von der UdSSR gehoben, geborgen und wieder in Fahrt gesetzt. Seit 1951 segelt die Bark baulich unverändert und unter sowjetischer Flagge.

Khersones, UdSSR
Ausbildungsschiff für die sowjetische Fischereiflotte im Schwarzen Meer
Baujahr 1989
Heimathafen Sevastopol
108,60 m Länge über alles
Tiefgang 6,5 m
2.770 qm Segelfläche
Crew: 55, Trainees: 144

Die "Khersones" ist unter anderem Schwesterschiff der "Mir" und jüngstes Produkt einer Bauserie von fünf 3-Mast-Vollschiffen.

...2

FÜR WEITERE INFORMATIONEN:
PRESSEBÜRO BREMEN: M & 10 PUBLIC RELATIONS
GRAF-MOLTKE-STRASSE 62 · W-2800 BREMEN 1 · TEL. 0421 / 34 79 761 · FAX. 34 55 60
PRESSEBÜRO ROSTOCK: M & 10 PUBLIC RELATIONS
FREILIGRATHSTRASSE 14 · O-2500 ROSTOCK · TEL. 0037 81 / 2 23 79 · FAX. 2 34 81

Erste Pressemitteilung
über teilnehmende Windjammer

Große Worte, die vielfach wahr wurden, auch wenn der zeitweilige Titel »Hanseatische Hafentage« von der Unsicherheit der Organisatoren zeugt, ob die nachfolgenden Hafenfeste an das einmal gesetzte Niveau anknüpfen können. Sie konnten. Und so heißt die Veranstaltung seit 1995 wieder Hanse Sail Rostock.

EIN GLÜCKSFALL

Die Auftakt-Sail hat die Grundlagen für eine erfolgreiche Weiterführung gelegt. Sie war ein Glücksfall für Rostock und das maritime Publikum. Zwei »Achsen« sind hier besonders erwähnenswert. Die erste davon bilden die Traditionsschiffe. Sie sind es, die jährlich bis zu einer oder in besten Sommerwetterzeiten sogar über eine Million Besucher anziehen. Eine einzigartige Sail-Stimmung, die »Sailmosphäre«, liefert attraktive Bilder für die Medien und ist für Sponsoren aus ganz Deutschland und darüber hinaus von hohem Interesse.

Die im April 1991 gefällte Entscheidung von Oberbürgermeister Kilimann bestimmt die zweite Achse. Die Sail verfügt seitdem über ein Stand- und ein Spielbein. Das Standbein sind die jährlichen Zuschüsse der Hansestadt Rostock, mit denen vor allem die Mitarbeiter des Organisationsbüros bezahlt werden. Hinzu kommen kommuna-

Auf der Suche nach einem Logo und dem richtigen Zeitpunkt

le Dienste in Vorbereitung und Realisierung der Sail – vom Ordnungsamt bis zur Müllentsorgung. Das Spielbein sind die eingeworbenen Sponsorenmittel und Werbekostenzuschüsse, Markt- und andere Einahmen, z. B. über Parkplatzgebühren oder Merchandising-Artikel.

Beide »Beine« zusammen bilden nicht nur ein funktionierendes Finanzierungskonstrukt, sondern sichern eine hohe Flexibiliät der Organisatoren bei der ganzjährigen Vorbereitung der jeweils nächsten Sail. Ein rasches und verbindliches Reagieren im Kontakt mit Schiffseignern, maritimen Organisationen und Sponsoren ist dadurch möglich. Die Verhandelnden sind in der Regel die Entscheider.

WIRTSCHAFTS- UND IMAGEFAKTOR HANSE SAIL

Ein schwedischer Marketingmann und Werbespezialist hat vor einigen Jahren staunend gesagt: »So ein Fest wie die Hanse Sail ist eigentlich unbezahlbar.« Das kann durchaus doppeldeutig interpretiert werden. Mit Blick auf

vergleichbare Großereignisse liegt der jährliche finanzielle Aufwand mit knapp 900 000 Euro (1999) bis 1,2 Millionen Euro (2010) überaus niedrig und scheint schier unglaublich. Das außergewöhnliche Preis-Leistungs-Verhältnis wird insbesondere durch den bereits erwähnten ehrenamtlichen Faktor möglich und dadurch, dass Büro und Verein z. B. bei Publikationen, beim Engagement und der Einsatzplanung von Künstlern oder bei Bebauungen und Präsentationen ohne kostspielige Agenturen auskommen.

In einem weiteren Sinne unbezahlbar ist die Hanse Sail dadurch, dass die Investitionen in sie einen mehrfachen Nutzen für die Stadt, die Region, für Gewerbetreibende oder zahlreiche ehrenamtliche Vereine bringen. Der vorsichtig geschätzte Mehrumsatz während der Sail liegt zwischen 40 und 50 Millionen Euro. Nichtmonetäre Resultate sind außerordentliche Werbeeffekte für Rostock und Mecklenburg-Vorpommern, die Imagepflege vieler Beteiligter und soziokulturelle Impulse sowie ein erhöhter Erlebnis- und Freizeitwert für Einwohner und Gäste.

Beschluß der Bürgerschaftsversammlung der Hansestadt Rostock am 5.12.1990

1. Die Stadt Rostock lädt für den Zeitraum vom 22. - 28.07.1991 Segler aus aller Welt zu einem Windjammertreffen unter dem Motto "Hanse Sail Rostock ´91" ein und gestaltet dieses Treffen zu einem kulturpolitischen Höhepunkt, der die Weltoffenheit der Hansestadt Rostock, die Gastfreundschaft ihrer Bürger und die Leistungsfähigkeit im Wirtschafts- und Dienstleistungsbereich einer breiten internationalen Öffentlichkeit offeriert.

2. Der Oberbürgermeister wird beauftragt, alle erforderlichen Vorbereitungsmaßnahmen durchzuführen und in die Tätigkeit der zu bildenden Arbeitsgruppen Vertreter der entsprechenden Ausschüsse der Bürgerschaft einzubeziehen.

3. Der Oberbürgermeister wird ermächtigt, Bundeskanzler Helmut Kohl als Schirmherren für die "Hanse Sail Rostock ´91" zu gewinnen.

4. Der Oberbürgermeister wird beauftragt, die Bürgerschaft regelmäßig über den Stand der Vorbereitung des Vorhabens zu unterrichten und insbesondere bis zum 20.01.1991 der Bürgerschaft eine Vorlage über alle Maßnahmen, die den Haushalt der Stadt beanspruchen, vorzulegen.

Rostock, 05.12.1990

K l e e m a n n
Präsident der Bürgerschaft

Stadt, Land, Bund: Grünes Licht und freudige Grüße

Dr. Alfred Gomolka, MdL
MINISTERPRÄSIDENT DES LANDES MECKLENBURG-VORPOMMERN

Organisations-Büro der
Hanse-Sail Rostock '91
Ständehaus

2500 Rostock 1

Schwerin, 10. 01. 1992

Sehr geehrter Herr Methling,
verehrter Herr Kalisch,
sehr geehrte Damen und Herren,

ich danke Ihnen für den Bildband, der anläßlich der "Hanse-Sail '91" vom Organisationsbüro der Hanse-Sail herausgegeben wurde. Er hat bei mir viele schöne Erinnerungen an diese für unser Land bislang einzigartige Veranstaltung geweckt.

Mit großem Interesse habe ich Ihre Überlegungen zum 777-jährigen Stadtjubiläum Rostocks und 1000-jährigen Bestehen Mecklenburgs gelesen. Die Hanse-Sail 1991 war ein hervorragender Imageträger für unser Land Mecklenburg-Vorpommern und die Hansestadt Rostock.

Seien Sie deshalb versichert, daß ich Initiativen dieser Art auch in Zukunft mit allen meinen Möglichkeiten unterstützen werde. Ich freue mich auf die "Hanseatischen Hafentage '92" und begrüße Ihre Überlegungen zu den beiden Jubiläen im Jahre 1995 ganz ausdrücklich.

Ich möchte die Gelegenheit noch einmal zum Anlaß nehmen, um Ihnen für Ihr Engagement im Interesse der Weiterentwicklung unseres Bundeslandes zu danken.

Mit freundlichen Grüßen
Ihr

A. Gomolka

Schloßstraße 2-4 • O-2750 Schwerin • Telefon (O) Schwerin · 5719-220/320 • (W) 040-6550197
Telefax (O) Schwerin · 83134 • (W) 030-2625978 · Telex 32301

23. 01. 92

18. 02. 92 5i/9

BUNDESPRÄSIDIALAMT

Az.: 123-6103-10/91
(Bei Rückfragen bitte angeben)

5300 BONN 1, den 11. Februar 1992
Kaiser-Friedrich-Straße 16

Telefon: (0228) 200-170
(oder über Vermittlung 20 00)
Telex: adpbn d 8 86 393
Telefax: (0228) 200-200

Herrn
Roland Methling
Freiligrathstr. 3

0-2500 Rostock 1

Sehr geehrter Herr Methling,

wenn Sie dieser Brief erreicht, liegt der Neujahrsempfang 1992 des Herrn Bundespräsidenten schon lange hinter Ihnen. Mit dem beiliegenden Bild möchten wir Ihnen noch einmal unseren Dank für Ihre Teilnahme an dem Neujahrsempfang zum Ausdruck bringen. Wir hoffen, daß Ihnen Ihr Besuch in Bonn in guter Erinnerung bleibt und Sie die Einladung des Herrn Bundespräsidenten sowohl als Dank für Ihre bisherige Arbeit für das Gemeinwohl wie auch als Ermutigung zur Weiterführung Ihrer Tätigkeit betrachten. Alle, die während des Neujahrsempfangs mit den eingeladenen Bürgern gesprochen haben, waren beeindruckt von deren Bereitschaft, sich in den Dienst des Gemeinwohls zu stellen. Auf Bürger, die wie Sie mehr als ihre normalen Pflichten erfüllen, ist unser Land besonders angewiesen. Die Lebendigkeit einer Demokratie ist abhängig von der Zahl engagierter Menschen, die die Erfüllung von Aufgaben der Gemeinschaft nicht nur vom Staat erwarten, sondern bereit sind, selbst tätig zu werden. Sie sind daher Vorbild für viele und dafür gilt Ihnen unser aller Dank.

Sollten Sie Anregungen zur Gestaltung künftiger Neujahrsempfänge haben, wäre das Bundespräsidialamt für Hinweise dankbar. Manches, was Sie erlebt haben, ist das Ergebnis entsprechender Anregungen der Teilnehmer an früheren Neujahrsempfängen. Sollten Sie darüber hinaus aus der Erfahrung Ihres Berufs- oder Lebensbereichs Hinweise geben können, die der Herr Bundespräsident in seinem Amt berücksichtigen könnte, so möchte ich Sie bitten, uns auch diese wissen zu lassen.

Mit freundlichen Grüßen

U. v. [signature]

Eines muss man den Rostockern auf jeden Fall lassen: Sie haben großartige Ideen. Das Windjammertreffen »Hanse Sail Rostock '91«, zu dem viele Großsegler und Tausende Schaulustige an der Mecklenburger Waterkant erwartet werden, gehört ganz sicher zu den schönsten.

Der damalige Bundesumweltminister und Schirmherr der ersten Hanse Sail, Klaus Töpfer, in seinem Grußwort zur 1. Hanse Sail 1991

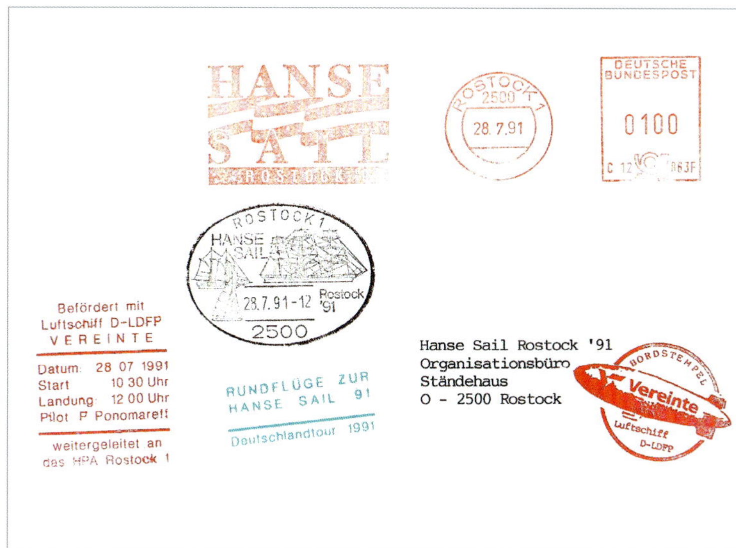

Gestempelte Sail-Grüße vom Start

Ein Fest für alle Sinne

WARUM IST DIE HANSE SAIL SO ANZIEHEND?

Über den Gesichtssinn werden pro Sekunde etwa 10 Millionen Bit aufgenommen. Und die kann man auf der Hanse Sail gut gebrauchen. Hier ist besonders viel zu sehen und die Veranstaltung hat inzwischen mehrere Zusatzattribute, wie »Schönste Wasserinszenierung des Jahres« oder »Maritime Weltausstellung«. – Die Hanse Sail ist also in erster Linie ein Sehfest.

Bei den Schiffen lohnt das genauere Hinsehen. Weil man dann erstaunliche Geschichten erfährt, z. B. über die »Swaensborgh« oder die »Loth Lorien« (beide Baujahr 1907), die in diesem Jahr in den Club der Hundertjährigen aufgenommen werden. Dort warten z. B. die »Alexander von Humboldt« (Baujahr1906) und sogar Veteranen aus dem vorletzten Jahrhundert, wie die Gaffelketsch »Atlantic« (Baujahr 1871) oder die Nordische Rennjagd »Norden«(1870). Eine schöne und überaus lebendige Erinnerung an maritime Entwicklung.

Ein Ohrenschmaus ist die Rostocker Sail nicht, meinen einige. Für viele andere schon, weil sie sich das ganze Jahr über auf eintrittsfreie Bühnenshows oder das Feuerwerk im Stadthafen und in Warnemünde freuen. Richtig laut geht es allerdings beim Böllerschießen des 7. Kanonierstreffens zu. Hier ist tatsächlich OHROPAX angebracht, das übrigens auch 1907 auf den Markt gekommen ist. Die Aufnahme in den maritimen Club der Hundertjährigen ist allerdings noch umstritten. Obgleich auf der gelben Packungsbeilage steht: »OHROPAX schützt ihre Ohren auch vor Wasserspritzern und Wind.«

Das ist nun wirklich nicht für diejenigen zu empfehlen, die auf den Molen in Warnemünde sitzen oder gar auf einem der Traditionsschiffe mitsegeln und hier die feinen Sailtöne, wie das Rauschen des Meeres, das Pfeifen des Windes und das Knattern der Segel, hören können.

An Bord sind weitere Sinne gefragt, z. B. der Tastsinn, um sich gut festzuhalten oder eventuell die Tampen hochzuklettern. Besonderes Fingerspitzengefühl braucht man für die Seemannsknoten.

Vieles am zweiten Rostocker Augustwochenende riecht nach Abenteuer. Der Geruchssinn selbst, der zunächst das Meer, Teer und nach so viel frischer Luft irgendwann den Kombüsenduft ortet, ist der Vorbote des Geschmacksinns, der über die an Land ansonsten verschmähte Gulaschsuppe erstaunt ist. Allerdings kann sein eigener Bruder, der Gleichgewichtssinn, schnell zum unerbittlichen Konkurrenten werden. Seemann bleib senkrecht!

»Man sieht nur, was man weiß«. Diese Erkenntnis Goethes gilt auch für die anderen klassischen Sinne. Sie werden tiefer empfunden, wenn man die Hintergründe kennt.

Die gibt es in der Traditionssegelschifffahrt tausendfach, viele verbunden mit Mut, Ausdauer, Visionen, aber auch Enttäuschung und Tränen. Schlaflose Nächte von Eignern und Projektträgern, die wissen, dass neben Möwen auch immer der Pleitegeier mitsegelt, gehören dazu.

Die Mehrzahl der Besucher kennt diese Hintergründe nicht, auch weil sie damit beschäftigt sind, ihre Sinne im Zaum zu halten und beim erstmaligen oder wiederholten Erleben mit Entzücken ausrufen: »Das ist ja der blanke Wahnsinn!«

Aber viele ahnen, dass sich hinter den äußeren Reizen der Hanse Sail viel, viel mehr verbirgt.

Und hier kommt dann wohl, ähnlich wie bei den Skippern, die z. B. Samstagnacht ihre Schiffe kollisionsfrei durch den dunklen Seeverkehr im Stadthafen steuern, offensichtlich der 7. Sinn zum Einsatz.

kdb, Hanse Sail Magazin, 2007

Wettereintrag. Die Hanse Sail '91 erlebte »Kaiserwetter«. Zu den Hafentagen '92 und '93 war das Wetter freundlich bis durchwachsen. 1994 wären die Tage fast »vom Winde verweht« worden.

Roland Methling im Interview mit dem Hanse Sail Magazin, 1995

Mit siebzehn hat man noch Träume ...

EIN INTERVIEW MIT DEM LEITER DES BÜROS HANSE SAIL, HOLGER BELLGARDT

Holger Bellgardt, Jahrgang 1961, leitet seit April 2005 das Büro Hanse Sail. Der diplomierte Verkehrsfachmann ist nach mehr als zwölf Jahren im Rostocker Seehafen seit 1998 im Sail-Büro dabei. Generalprobe war die Millenniumsfeier 1999/2000, für die er verantwortlich war. Holger Bellgardt ist Rostocker, verheiratet und hat gemeinsam mit seiner Frau Marit eine Tochter und einen Sohn.

Hanse Sail Magazin: Die Hanse Sail geht am 2. Augustwochenende in die 17. Runde. Ist sie mittlerweile organisatorisch ein »Selbstläufer«?

H.B.: Ganz und gar nicht. Mit dem Begriff »Routine« haben Vorbereitung und Durchführung der Großveranstaltung wenig zu tun. Das Team Hanse Sail – und das sind unendlich viele Akteure – hat einerseits den Anspruch, sich immer wieder etwas Neues einfallen zu lassen. Das sind wir den Besuchern und vor allem den Stammgästen schuldig.

Andererseits sind die Rahmenbedingungen immer wieder andere. Rostock entwickelt sich, Flächen stehen nicht mehr zur Verfügung oder neue Veranstaltungsräume sollen erschlossen werden. Neue Partner kommen hinzu, andere springen ab. Die Flotte der Teilnehmerschiffe ist von Jahr zu Jahr gewachsen, eine Flotte von Individualisten, die wir eingeladen haben und denen wir gute Gastgeber sein wollen, auf deren Bedürfnisse wir eingehen möchten. So etwas läuft nicht von selbst.

Wo läuft es inzwischen richtig gut, wo gibt es Reserven?
Ziel der Veranstaltung war und ist es, zum Erhalt traditioneller Schiffe und guter, hanseatischer Schifffahrtstraditionen im Ostseeraum beizutragen. Das ist gelungen und wird international anerkannt. Deshalb steuern die Skipper im August Rostock an.

Reserven gibt es bei der Qualität und in der Choreografie des Veranstaltungsablaufes. Hier müssen und können wir zulegen und gleichzeitig neue und spannende Elemente einbauen. Mit dem Seefliegertreffen, dem Segelstadion im Stadthafen, der Koggenfahrt oder der Hafensinfonie haben wir qualitativ gewonnen.

Die Anziehungskraft der Rostocker Sail ist ungebrochen – eine konstant hohe Besucherzahl, eine zunehmende Anzahl von teilnehmenden Schiffen … Worauf führen Sie diese große Attraktivität zurück?
Maritime Großveranstaltungen mit Traditionsschiffen sind heute überall auf der Welt Publikumsmagneten. Jede dieser Veranstaltungen hat dennoch ihren eigenen Charakter.

Die Rostocker Sail ist kurz nach der Wende entstanden und war geprägt von der Neugier auf beiden Seiten: Die Neugier der Schiffseigner war, einen bisher nicht ohne weiteres ansteuerbaren Hafen anzulaufen. Und für die Besucher war es die erstmalige Möglichkeit, bisher nicht ohne weiteres erreichbare Planken betreten zu können.

Holger Bellgardt

Diese Situation hat sich sehr schnell in Zuneigung gewandelt, sichtbar an vielen herzlichen Begegnungen zwischen Skippern, den Crews und den besonders gastfreundlichen Rostockern. Hinzu kommt, dass sich die Schiffe – bedingt durch das hervorragende, zuschauerfreundliche Segelrevier in Warnemünde – in einmaliger Art und Weise entfalten können und damit ihre Gäste an Bord faszinieren.

Haben Sie Befürchtungen, dass die Attraktivität der Sail nachlässt, Abnutzungserscheinungen eintreten?
Nein, das Konzept, Traditionsschiffe in den Mittelpunkt eines maritimen Festes zu stellen, ist gut. Wir stehen darüber hinaus meines Erachtens erst am Anfang einer Renaissance der traditionellen Segelschifffahrt, an der jeder unter Anleitung einer erfahrenen Crew teilnehmen kann. Die Hanse Sail Rostock hat eine gute Perspektive.

HANSE SAIL
ROSTOCK '91

EINLADUNG

KLAR SCHIFF IN ROSTOCK

Drohen andere Gefahren, z. B. durch die knapper werdenden finanziellen Mittel?
Ja. Probleme wird es dann geben, wenn wir die steigenden Kosten einer wachsenden Veranstaltung bei rückläufiger städtischer Unterstützung nicht durch das Engagement der privaten Wirtschaft, die mittel- oder unmittelbar von der Veranstaltung profitiert, kompensieren können. Das kann sehr bald passieren. Ich spreche deshalb vor allem die Tourismusbranche an, insbesondere die Unternehmen des Hotel- und Gaststättengewerbes des gesamten Landes, uns stärker als bisher zu unterstützen, meine aber jeden, der vom Motor Hanse Sail angetrieben wird. Noch läuft dieser Motor rund ... und hat noch nicht mal seine volle Leistung erreicht.

Die maritimen Feste »boomen« weltweit, der Konkurrenzkampf um die Traditionssegler wird schärfer. Zwischen dem Sail-Büro und der Sail Training International (S.T.I.) herrscht seit einigen Jahren Funkstille.
Das ist richtig. Neue, in traditioneller Bauweise entstandene oder auf traditionelle Weise betriebene Schiffe kommen in Fahrt. Der Kalender maritimer Großveranstaltungen wird dichter. Aufgrund der sehr kurzen Segelsaison in nördlichen Breiten wird es immer auch zu »Terminkollisionen« kommen, werden die Schiffe verstärkt umworben. Das sind die Fakten.

Die Situation muss dennoch durch gegenseitige Achtung, freundschaftliche Koexistenz oder das Bemühen um Kooperation geprägt bleiben. Ich denke, dass das auch so ist. Das braucht dann nicht immer viele Worte. Deshalb vielleicht die Funkstille ...

Aber im Ernst: Man sollte überall respektieren, dass Europa größer geworden und enger zusammengerückt ist. Das ist dann manchmal auch mit dem Verlust von Monopolen verbunden. Sail Training International veranstaltet seit 50 Jahren Windjammer-Regatten und trägt damit zum Erhalt traditioneller Schiffe bei. Durch S.T.I. wird u.a. der Gedanke, Jugendliche durch Teilnahme am Bordbetrieb zu sozialem Teamwork zu erziehen, gefördert. 2007 findet die S.T.I. Regatta in der Ostsee statt. Sie beginnt in Rostocks Partnerstadt Aarhus und endet am Wochenende vor der Hanse Sail in Rostocks Partnerstadt Szczecin. Wir stehen mit beiden Städten in Kontakt und sind offen für gemeinsame Aktionen.

So überlegen wir zurzeit, eine Wettfahrt der Brigantine »Greif« mit der Brigg »Fryderyk Chopin« von Szczecin nach Rostock zu initiieren. Oder: Unternehmen und Menschen, die sich um gutnachbarschaftliche Beziehungen zu Polen bemühen, können sich an Bord des Vollschiffes »Dar Mlodziezy« treffen und gemeinsam Segel in Richtung 17. Hanse Sail setzen.

Es gibt unendlich viele Möglichkeiten der Kooperation. Wir sind offen für neue Ideen und Visionen. Frei nach dem Motto: »Mit siebzehn hat man noch Träume ...«

Interview: Klaus-Dieter Block, Oktober 2006

Der Dienstweg als Sackgasse?

Vor zehn Jahren hatten einige Rostocker wahrscheinlich die spannendste Adventszeit ihres Lebens.

Und sicher auch nicht ganz ruhige Weihnachten. Zwei, die heute noch dabei sind – Roland Methling und Peter Rath – könnten berichten, wie steinig und dornenreich der Weg zur ersten Hanse Sail 1991 war. Und es war nicht immer der Dienstweg. Schnelles Handeln war erforderlich, um die Chance zu nutzen, im Osten ein Sail-Fest in dieser Dimension zu organisieren. Es war eine abenteuerliche Zeit und wahrscheinlich stammt aus dieser Ära auch der Ruf des Hanse-Sail-Büros als »Piraten- und Partisanenabteilung« der Stadt Rostock.

Heute, nach der 10. Hanse Sail, scheint alles in geordneten Bahnen zu laufen, auch wenn es z. B. noch unerfüllte (Markt-)Träume gibt.

Die Hanse Sail ist ein ostdeutsches Erfolgsprodukt; sie wird jedes Jahr mit Superlativen bedacht, segelt von Rekord zu Rekord.

Die Wiederbelebung der Vorstellung, wie sie Anfang der 90er Jahre bestand, die Sail mal ein Jahr auszusetzen oder wie in Bremerhaven, Brest oder Amsterdam nur alle vier oder fünf Jahre durchzuführen oder sie sogar ganz sein zu lassen, dürfte einen Protestruf vieler Rostocker und von Menschen in Mecklenburg-Vorpommern erzeugen, in den Hoteliers, Gastwirte, Taxifahrer, Fahrgastschiffer, Druckereibesitzer und viele mehr kräftig einstimmen würden.

Das Büro Hanse Sail gehört als Teil der Tourismuszentrale zur Stadtverwaltung und erhält hier sowohl finanzielle Zuschüsse als auch logistische Hilfe. Gleichzeitig wird dem Büro eine hohe Beweglichkeit in Verhandlungen mit Sponsoren, Schiffseignern oder Künstlern garantiert. Diejenigen, die auch heute noch eine Loslösung des Büros oder ein Arbeiten gegen die Stadtverwaltung zu beobachten glauben, haben entweder nichts von dieser beschriebenen glücklichen und sehr modernen Konstellation begriffen oder wollen bewusst spalten und Böses für die Hansestadt.

Als ich vor knapp vier Jahren im Sail-Büro begann, wunderte ich mich in den ersten Wochen über die Diskrepanz zwischen dem hohen Ansehen und den Effekten der Sail einerseits und Meinungen über die Büroarbeit sowie über das »Knirschen« zwischen Büro und Rathaus. Nun könnte man einfach sagen »Allein der Erfolg zählt« und der Weg dorthin ist sekundär.

Nein, denn eine fröhliche Veranstaltung wie die Hanse Sail sollte auch von allen Beteiligten freudig vorbereitet werden und nicht unnötige Frustenergie kosten. Und ohne Zweifel gab und gibt es berechtigte Kritik an Mängeln und Schwächen der Arbeit des Sail-Büros, die auch nur bedingt mit der Tücke des Gegenstands »Traditionssegelschiff-

Die Bundestagsabgeordnete Christine Lucyga im Juli 1991 beim Besuch des Organisationsbüros der Hanse Sail im Rostocker Ständehaus mit Roland Methling

fahrt« zu erklären sind. Allerdings gab es in den letzten Jahren intensive Anstrengungen, um diese Mängel abzustellen.

Aber die Ursachen für das »Knirschen« liegen woanders. Selbst wenn das Sail-Büro im Wettbewerb um den Titel »Vorbildliches Büro der Stadtverwaltung« als Sieger hervorginge, würde es weiterknirschen.

Woran liegt es also? Beansprucht das Sail-Büro eine Sonderrolle, inklusive der Erlaubnis, sich auf Sonderdienstwegen zu tummeln? Ist es das maritime »bureau terrible« der Stadtverwaltung?

Das Sail-Büro muss, um seine Aufgaben erfolgreich erfüllen zu können, anders als andere Abteilungen der Stadtverwaltung arbeiten. Die Betonung liegt auf anders und nicht auf besser oder schlechter, schneller oder langsamer.

Das ist eine Erkenntnis, die, wenn sie greifen würde, vieles entspannen würde und das »Knirschen« minimieren könnte.

Die Mitarbeiter des Büros müssen mehr als die Hälfte des jährlichen Budgets selbst erwirtschaften und können das nur tun, indem sie sich auf marktwirtschaftliches Terrain begeben. Sie haben es hier mit marktwirtschaftlichen Regeln sowie mit Konkurrenten um Sponsoren und Schiffe zu tun und müssen das ganze Instrumentarium des Wettbewerbs ins Spiel bringen.

Natürlich kann und will das Büro Hanse Sail nicht autark existieren, sozusagen als Exklave der Stadtverwaltung.

Aber es muss aufgrund des besonderen Zusammenspiels von öffentlicher Verwaltung und Marktwirtschaft über besondere, gemeinsame Wege geredet werden. Mit vielen Ämtern der Stadt funktioniert die Zusammenarbeit reibungslos, z. B. bei der Ämterrunde im Vorfeld der Hanse Sail, um die Gesamtlogistik abzustimmen.

Aber es wird immer dann problematisch und fängt an zu »knirschen«, wenn Prinzipien, die für den Alltag einer normalen Stadtverwaltung sinnvoll sind, als Maßstab für das Handeln des Sail-Büros betrachtet werden. Dann kann der Dienstweg unter Umständen zur Sackgasse werden: Dienstwege eingehalten. Veranstaltung misslungen. Glück verspielt ...

kdb, Norddeutsche Neueste Nachrichten,
20. Dezember 2000

ORGANISATIONS-KOMITEE »HANSE SAIL ROSTOCK '91«

KOORDINATIONSAUSSCHUSS

Karl-Ernst Eppler *Leiter des Koordinierungsausschusses Hafenwirtschaftsamt, Rostock*

Roland Methling *1. stellv. Leiter des Koordinierungsausschusses Hafenwirtschaftsamt, Rostock*

Harald Schadach *stellv. Leiter des Koordinierungsausschusses Management, Rostock*

Klaus Nickel *DSR GmbH, Rostock*

Jürgen Gronholz *Ostseetrans Verkehrs AG, Rostock*

Hans-Peter Wenzel *Traditionsseglervereinigung Mecklenburg/Vorpommern*

Gerd Spilker *Ostsee-Zeitung, Rostock*

Dr. Bertram Porath *Amt für Tourismus und Kongresswesen*

ORGANISATIONSBÜRO

Hartwig Kalisch *Leiter des Organisationsbüros*

Peter Rath, Angela Kallweit, Christiane Schneider, Nicole Schröder Gerhard Prommer, Harald Machur, Manfred Korthase, Marco Hannemann, Peter Opitz, Lothar Borbe, Monika Brenner, Ann Tusche

ARBEITSGRUPPEN

AG 1 – Maritime Belange Werner Mittelstädt, Klaus Michel

AG 2 – Oldtimer/Yachten Gerd Wenzel

AG 3 – Protokoll Udo Klusmeyer

AG 4 – Betreuung/Liason Günter Senf

AG 5 – Sponsoren, Werbung, Medien Gerd Kolbe, Harald Schadach, Roland Methling, Hartwig Kalisch

AG 6 – Kultur/Markt Rainer Velte

AG 7 – Verkehr/Kommunikation Dr. Ines Nagijew

AG 8 – Ordnung/Sicherheit Roland Jaritz

AG 9 – Quartier Elfi Zentsch

AG 10 – Warnemünde Harald Schadach

AG 11 – Bundesmarine Korvettenkapitän Hans Heinrich Schneider, Korvettenkapitän Albert Laddey, Paradedirektor Fregattenkapitän Reiner Künkel (Nach: Hanse Sail Magazin 1991)

Tradition in Aktion

In Rostock begrüßte Schiffe und ihre Crews

Als die 1. Hanse Sail Rostock im Juli 1991 in die internationale Seglerszene einstieg, konnten die Regatten und Windjammertreffen bereits auf eine 35-jährige Geschichte zurückblicken. Ein Jahr vor dieser beeindruckenden Renaissance der Segelschifffahrt wurde in Großbritannien die Sail Training Association (S.T.A.) gegründet, eine gemeinnützige Organisation zur Förderung der Ausbildung junger Menschen auf Segelschiffen. Den Ehrenvorsitz hatte der Gemahl von Königin Elizabeth, Prinz Philip. Erwähnenswert ist, dass bereits im Jahre 1938 der schwedische Kapitän Arnold Schomburg ein Großseglertreffen der nordeuropäischen Schulschiffe unter dem Titel »Stockholm Rally of Sailing Ships« initiiert hat.

1956 gab es die erste Nachkriegsregatta mit 22 Segelschulschiffen von Torbay nach Lissabon. Sie leitete eine neue Zeit des Aufwinds der Segelschifffahrt nach einer intensiven Abwrack- und Umbauphase in der ersten Hälfte des 20. Jahrhunderts ein. Die Renaissance erfasste schließlich auch die kleineren Fahrzeuge, wie Kutter oder Logger, die vielfach zu Segelschiffen »zurückgebaut« wurden. Sie ergänzten nach und nach die Segelschulschiffe bei den großen Hafenfesten. Eine faszinierende Armada zieht seitdem unter der Regie der International Sail Training Association (I.S.T.A.) bzw. der Sail Training International (S.T.I.) über den Atlantik, das Mittelmeer sowie die Nord- und Ostsee. Besonders spektakulär waren Atlantiküberquerungen, wie 1976 zum 200. Jahrestag der Unabhängigkeit der USA oder zur 500-Jahrfeier der Entdeckung Amerikas durch Christoph Kolumbus (1992).

Hafenstädte kommen nur nach einem aufwändigen, an Olympia erinnernden Bewerbungsverfahren nach dem Zu-

Gedenkmünze »Viermastbark Sedov«, geprägt zur Baltic Sail 1996

Karte der Cutty Sark Tall Ships' Races 1996. Bei der Langstreckenregatta für Großsegler und andere Segelschiffe stehen das Wettsegeln auf Zeit sowie der Austausch zwischen jungen Menschen aller Nationen im Vordergrund. Die Hälfte der Besatzung eines Schiffes muss zwischen 16 und 25 Jahre alt sein.

schlag in den Genuss, ein Fest mit den »Großen der Weltmeere« zu organisieren. Rostock war 1996 Gast- und Starthafen der Cutty Sark Tall Ships' Races nach St. Petersburg, Turku und Kopenhagen.

WAS DIE HANSE SAIL ROSTOCK BESONDERS MACHT

Einige Hafenstädte begehen im Abstand von vier, fünf und mehr Jahren unabhängig von diesen Regatten eine Sail. Dazu gehören z. B. Amsterdam und Delfzijl in den Niederlanden, Bremerhaven in Deutschland, Brest und Rouen in Frankreich oder die Weltstadt New York. Jährlich segeln Traditionsschiffe zum Hamburger Hafengeburtstag Anfang Mai, dem »Größten Hafenfest der Welt«, und Ende Juni zur »Kieler Woche«, der »Größten Segelveranstaltung der Welt«. In diese von den jeweiligen Organisatoren geprägten Superlative kann sich die Hanse Sail als jährlicher Treffpunkt von Traditionsseglern und Museumsschiffen durchaus einreihen. Hier stehen die Vollschiffe, Briggs und Galeassen im Mittelpunkt des Festes. Ihre Präsentation wird durch eine Reihe von günstigen Bedingungen geprägt. Dazu gehört der alte Rostocker Stadthafen an der Warnow, unweit des historischen Zentrums. Ein Spaziergang entlang der drei Kilometer langen Kaikante, an der die Schiffe morgens und abends im Mehrfachpaket liegen, oder entlang des Passagierkais Warnemünde entspricht einem Törn durch die Geschichte der Segelschifffahrt und des Schiffbaus.

Mit Traditionsseglern, aber auch mit Museumsschiffen ohne Segel, verbinden die meisten Besucher Abenteuer, Romantik und Authentizität. Dies suchen und finden sie in der direkten Begegnung mit den Oldtimern.

Viele der Schiffe haben eine über hundertjährige Historie. Ein »Klönsnack« an Bord mit dem Skipper oder der Crew ist spannend und schafft Respekt vor den Restaurierungs- und Erhaltungsmaßnahmen an den oftmals Schiffsfriedhöfen entrissenen Fahrzeugen.

Rostock bietet eine zwölf Kilometer lange maritime Schaustrecke vom Stadthafen bis zu den Molenköpfen in Warnemünde, wo »Sehleute« das Aus- und Einlaufen der Traditionssegler auf der Warnow Richtung Ostsee und zurück zu ihren Tages- und Abendtörns beobachten. Höhepunkt der beeindruckenden maritimen Inszenierung, die keinen Regisseur braucht, sind die Segelmanöver beim Übergang vom Fluss auf die Ostsee. Die Zuschauer auf den Molen sitzen hier nicht nur bildlich gesprochen in der ersten Reihe. Vollendet wird die seltene maritime Szenerie durch viele private Begleitboote, aber auch durch andere Geschwister der Großsegler: Kreuzliner, Fähren, Containerschiffe, Schlepper oder die »Grauen Schiffe« der Deutschen Marine. Dieser lebendigen maritimen Weltausstellung mit vier Veranstaltungstagen ist tatsächlich weltweit nur Weniges ebenbürtig.

Die Faszination der alten Segler gewinnt dadurch, dass sie keine Museumsschiffe mit Altersresidenz an der Kaikante, wie die »Passat« in Lübeck-Travemünde oder

Das aktuelle Logo der Hanse Sail gibt es seit 1998.

die »Peking« in New York, sondern Tradition in Aktion sind. Wer will, kann das Jahrtausende alte Segelhandwerk an Bord erleben und selbst mit Hand anlegen.

TRADITIONSSCHIFFE VON A BIS Z

Der Andrang der Schiffe zur Hanse Sail ist erfreulich hoch. Auch wenn der Hafenkapitän immer wieder auf die Kapazitätsgrenze (ca. 230) hinweist, kommen spontan kleinere Boote. Auf die Nachfrage, wie viel Schiffe denn da sind, brummt Gisbert Ruhnke in der Regel am ersten oder zweiten Veranstaltungstag: »Die unter 15 Meter zählen wir nicht mehr« ... und findet für jeden spontanen Neuankömmling doch noch einen Liegeplatz.

Insgesamt haben seit 1991 ca. 3 700 Schiffe die Sail besucht; viele davon natürlich mehrfach, so dass insgesamt ca. 1 050 verschiedene Traditionssegler und Museumsschiffe teilgenommen haben. Von »Abel Tasman« bis »Zuiderzee«, vom weltgrößten Traditionssegler »Sedov« (117,5 m) bis zum 20-Meter-Haikutter.

Seit 1991 ununterbrochen dabei sind die Schonerbrigg »Greif« und der Dampfeisbrecher »Stettin«. Aber auch der russische Windjammer »Mir«, die »Kruzenshtern« oder die polnische »Dar Mlodziezy« kommen gern und auch außerhalb der Sail nach Rostock. Zu den Exoten aus

Holland

Übersee zählen die »Cuauthemoc« aus Mexiko oder die »Capitan Miranda« aus Uruguay. Neben deutschen Traditionsseglern stellen die Niederländer seit Jahren die größte Teilnehmerflotte.

Und außer schönen Geschichten gibt es auch Tragisches, Empörendes festzuhalten: Das bordeauxrote Vollschiff »Khersones«, das im April 1997 in Rostock seine Kap-Hoorn-Umseglung gefeiert und als Flaggschiff den Start der Baltic Sail engagiert begleitet hat, liegt heute in Kertsch am Schwarzen Meer aufgrund von Willkür an der Kette.

»Seehund«

An der Kaikante sitzt man in der ersten Reihe.

Zusätzlich zu den alltäglichen Sorgen der Eigner und Kapitäne bei der Finanzierung und beim Erhalt ihrer Traditionsschiffe gibt es manche offene Zukunftsfrage. Dazu gehört die Harmonisierung der EU-Sicherheitsrichtlinien für Passagierschiffe mit über zwölf Personen, deren Umsetzung für den überwiegenden Teil der Fahrzeuge beim besten Willen nicht möglich ist.

Die Organisatoren der Hanse Sail bringen sich aktiv in die Lösung solcher Probleme ein. Doch darüber wird die maritime Faszination nicht vergessen. Für ein Flair von Abenteuer und Entdeckerlust sorgten nicht allein Axel Brümmer und Peter Glöckner, die mit der Dschunke »Kublai's Khan« auf den Spuren Marco Polos von China über Venedig ihren Heimathafen Rostock ansteuerten. Freundschaftliche Beziehungen verbindet das Organisationsteam u. a. mit dem Schilfboot-Projekt »Abora« von Dominique Görlitz, das die Möglichkeit einer prähistorischen West-Ost-Atlantiküberquerung nachvollziehen will. Der Nordpolarforscher und Abenteurer Arved Fuchs hat nicht nur den Rostocker Hafenstammtisch mit einem fesselnden Vortrag über die Expeditionen mit seinem Haikutter »Dagmar Aaen« bereichert, sondern hat auch die 1. Haikutterregatta der Hanse Sail aus der nördlichen Ferne begleitet und unterstützt.

SURF-CLUB

Die »Loth Lorien« im Klub der Hundertjährigen

Wie wird man 100 Jahre alt? Auch für ein Schiff ist das ein traumhaftes Alter und viele Artgenossen der »Loth Lorien«, die als Arbeitsschiffe gebaut und genutzt wurden, haben schon lange auf einer Abwrackwerft das Zeitliche gesegnet.

So wäre es sicher auch unserer Hundertjährigen gegangen, wenn sie nicht von Jaap van der Rest entdeckt worden wäre.

1907 im norwegischen Bergen gebaut, fuhr das 48 Meter lange Schiff lange unter dem Namen »Njord« als Heringslogger. Das Fahrzeug war zuerst mit einer Dampfmaschine ausgestattet und fischte mit zwei großen Ruderbooten. Wenn das jeweilige Netz aufgefüllt war, zogen die Boote die Ausbeute an die Seite des Mutterschiffes und die Mannschaft hievte die gefüllten Netze per Hand an Bord. Diese Art der Fischerei existiert nicht mehr.

Von den darauf folgenden Erneuerungen, so erzählt Jaap van der Rest, stehen leider keine belegbaren Informationen zur Verfügung. »Allerdings erfuhren wir auf einer unserer Fahrten von einem Seemann, der in jungen Jahren auf der »Njord« angeheuert hatte, doch noch den fehlenden Teil der Geschichte: Das Schiff fuhr später mit einem 400 HP B/W Alfa-Dieselmotor und wurde mit einem großen Kühlraum versehen. Es fischte nun nicht mehr selbst, sondern sammelte von anderen Schiffen den Fang ein und brachte ihn mit seiner hohen Geschwindigkeit in den Hafen.«

Später gab es auch für diese Art der Fischerei keine Verwendung mehr, und so wurde das Schiff nach Holland verkauft, wo es Schritt für Schritt wiederhergestellt werden sollte. Allerdings verzögerte sich der Wiederaufbau um vier Jahre. Während dieser Zeit lag die »Njord« in Urk und nahm mehr und mehr die Form eines Wracks an.

Bis eben im Jahre 1989 Jaap van der Rest kam, das Schiff kaufte und ihm in Anlehnung an das Buch »Der Herr der Ringe« den Namen »Loth Lorien« gab.

Die Restaurations- und Umbauarbeiten nahmen schließlich drei volle Jahre in Anspruch. Danach fuhr das Schiff zunächst als zweimastige Ketsch mit Gästen in der Ostsee. Im Winter 2001/2002 wurde es erneut umgebaut, wobei auch ein luxuriöser Salon für Tagesausflugsgäste entstand. In der Saison 2002 stach die »Loth Lorien« dann als Dreimast-Gaffelschoner in See.

Mitsegler, ob bei der Sail Amsterdam, der Kieler Woche oder der Hanse Sail, merken nicht, dass sie mit einer Hun-

»Wir sind im Bilde« … und in prächtiger Stimmung

oth loriën

dertjährigen fahren. Das liegt zum einen an dem hervorragenden Pflegezustand des Schiffes und an der Professionalität von Kapitän Jorrit de Vries, aber vor allem auch an der Liebe des Eignerpaars Anna und Jaap van der Rest zu ihrem Schiff und der Herzlichkeit, mit der sie ihre Gäste an Bord begrüßen.

kdb, Hanse Sail Magazin, 2007

***Ämterrunde.** In der sogenannten Ämterrunde geht es um die Abstimmung zwischen dem Büro Hanse Sail und der Großmarkt GmbH mit den Ämtern der Hansestadt Rostock sowie weiteren Behörden in Bezug auf die Gestaltung der Veranstaltungsflächen der Sail und ihre Infrastruktur. Mit dabei sind Vertreter des Ordnungsamtes, des Gewerbeaufsichtsamtes, der Verkehrsbehörde, des Brandschutzrettungsamtes bzw. der Feuerwehr, der Polizei, des Hafen- und Seemannsamtes, des Veterinäramtes, des Umweltamtes, des Amtes für Stadtgrün, Naturschutz und Landschaftspflege, des Bauamts sowie des Tief- und Hafenbauamtes.*

Die Ämterrunde trifft sich erstmals etwa vier Monate vor dem maritimen Fest im Hanse-Sail-Büro. Das Gremium erteilt am Eröffnungstag der Sail schließlich grünes Licht für die Marktteilnehmer. – Oder es werden freundlich Auflagen ausgesprochen, die sich aber nach zwei Jahrzehnten Übung der meisten Mitwirkenden in Grenzen halten.

Schweizer Heizer, ihr Kapitän und das »Hotel zur Schraube«

Hinter den größten Bergen Europas werden Niklaus Hirch (48) und Roland Höngis (39) seit elf Jahren in jedem Sommer von Freunden so bewundernd ausgefragt, als wären sie von einer Südsee-Expedition zurück. Sie kommen aber nur von der Ostsee, von der Hanse Sail und manchmal auch von einer Nordsee- und Elbfahrt in ihr Alpen-Nest heim. Befrachtet mit immer wieder neuen Fotos und mit Berichten, denen lieber Techniker als abenteuerlustige Menschen zuhören. »Meine Schweizer Heizer« nennt der Rostocker Kapitän Horst Matzkuhn (70) das Duo aus dem Kanton Bern und sagt noch, dass sie »so gut in die Besatzung des Dampfeisbrechers ›Stettin‹ (1933) passen, als wären sie schon immer zur See gefahren«. Der Maschinenschlosser und der Mechaniker bezeichnen sich als »ein wenig verrückt, aber auch ganz normal«. Und ihre Frauen tolerieren ein Hobby, das die beiden unzertrennlichen Freunde seit 1996 für jährlich 10 bis 14 Tage vor die Feuerlöcher der Flammrohrkessel und in den Kohlenbunker des Dampfeisbrechers führt.

Der Molenkopf – begehrter Platz für
»Sehleute« und Fotografen

Urlaub in der schwarzen Arbeitskombination der Schiffheizer bei bis zu 60 Grad »vor dem Loch«, mit Ruß beschmiert und vom Schweiß überströmt. Wer »Dampf-Antriebsmaschinen« zur ernsthaft betriebenen Freizeitpassion gemacht hat, wer bei der ersten Fahrt auf dem rauchenden Oldtimer-Seeschiff spürte, dies ist »ein anderes Kaliber« als der noble Dampfer auf dem Genfer See, der den Schornstein nur als Attrappe führt, genießt den Heizeralltag auf der »Stettin« wie einen Südseeurlaub. So befeuern die Schweizer Heizer mit anderen Nostalgikern »die Hölle« der 2 200 PS starken Hauptmaschine des einzigen auf der Welt noch fahrenden Dampfeisbrechers (Heimathafen Hamburg-Oevelgönne): eine Tonne Kohle in jeder Stunde, wenn »die dicke Lady« für 11 bis 12 Knoten Fahrt »auf Dienstgeschwindigkeit gekitzelt wird«. Neben Hirch und Höngis heizen Rechtsanwälte, Ärzte, Wissenschaftler, Ingenieure, Arbeiter, ehemalige Seeleute und manchmal auch Frauen. Alle haben ein »Heizerdiplom« und jeder seinen privaten »Spleen« für die »Stettin«, die ohne das Ehrenamt der rund 200 Mitglieder im »Förderverein Dampfeisbrecher Stettin« längst in den Hochofen gefahren wäre.

Horst Matzkuhn, ein sportlich-eleganter Herr, dem man nicht ansieht, wie konsequent er die Stammbesatzung von bis zu 40 Frauen und Männern mit rund 100 Passagieren führen kann, hat vor sechs Jahren im Verein und an Bord angemustert. Daran »schuld« ist auch sein jetziger Kapitänskollege und Freund Dieter Haase aus Ribnitz-Damgarten, dessen Leistungen für das fahrende Museumsschiff (seit 1982 »Technisches Kulturdenkmal«) eine eigene Laudatio brauchen. Rentner Matzkuhn jedenfalls stellte fest: »Immer nur Garten und die Sportgruppe sind zu wenig.« In dem Mann, der bei der Volksmarine sein Patent erworben und viele Jahre im Fischkombinat Rostock gearbeitet hat, regten sich bei einem Spaziergang am Sail-Kai des Rostocker Stadthafens längst beruhigt geglaubte Sehnsüchte nach einem Schiff. Nach diesem Schiff! Matzkuhn ist in Stettin geboren, man hört es noch. Er liebt Technik, ist von alten Schiffen begeistert, ein Praktiker, der sich mit Wonne die Hände schmutzig macht. Und ohne solche Menschen kommt ein Museumsschiff auf Grund, aber nicht auf See.

Die Kapitäne und einige ihrer Männer mit den »goldenen Händen« haben aus einer ramponierten Last des Schiffes zwei neue Kammern mit zehn Kojen gebaut. Die »Stettin«, die 2007 Rostock mit ihrer 17. Hanse-Sail-Visite beehrt, heißt nun auch »Hotel zur Schraube«.

Horst Marx, Hanse Sail Magazin, 2007

Alternative zum Mitsegeln:
Ein Dampftörn auf der »Stettin«

Kapitän auf Zeit

HARALD FORST ENGAGIERT SICH AUF DER »ATALANTA«

Was wäre die Hanse Sail ohne die freiwilligen und ehrenamtlichen Helfer? An Bord der teilnehmenden Schiffe gibt es viele, die auf der Basis »Hand für Koje« kräftig zupacken. Oder ehrenamtlich am Steuer eines Traditionsseglers stehen. So wie Harald Forst, der als Skipper des Lotsenschoners »Atalanta« (Wismar) zum wiederholten Mal bei der Sail dabei ist.

Für den Platz hinter dem Steuerrad hat der gebürtige Flensburger ideale Voraussetzungen.

Er entspricht nicht nur vom Aussehen und seiner zurückhaltenden und verschmitzten Art der allgemeinen Vorstellung vom typischen Norddeutschen, der 53-Jährige bringt auch die entsprechenden Bedingungen und Erfahrungen mit. 1984 hat der hochaufgeschossene Seemann in Hamburg sein Patent auf großer Fahrt abgelegt und ist anschließend auf Tankern und Containerschiffen über die Weltmeere gereist.

Ende der 1980er Jahre ist er zum Zoll gewechselt, war bis 1991 stellvertretender Leiter des Zollkommissariats Ostsee beim Wasserzoll in Kiel. Bis sich die Chance bot,

Herzlicher Empfang für die »Kublai's Kahn«

in der Hansestadt Wismar stellvertretender Hafenkapitän zu werden. Das war im Juni 1991 und seit 2003 ist Harald Forst Hafenkapitän. Harald Forst hat die Wismarer Hafentage, die inzwischen jährlich Mitte Juni stattfinden, mit auf den Weg gebracht und begleitet sie nach wie vor mit viel Engagement und Verantwortung. »Wenn man über 50 ist, kann man schon einmal über den Rückzug nachdenken«, meint Forst. Und setzt aber gleich dazu: »Bis zum 20. Wismarer Hafenfest bin ich auf jeden Fall dabei.«

Auch bei der Hanse Sail, die für Harald Forst nicht nur eine großartige Veranstaltung für Traditionssegler und Museumsschiffe ist, sondern bei allem »Stress« erstaunliche wirtschaftliche, politische und soziale »Nebenwirkungen« hat, will er sich als Skipper der 36 Meter und 106 Jahre alten »Atalanta« etwas zurücknehmen und nicht mehr alle Tage dabei sein. Na, mal sehen …

kdb, Hanse Sail Magazin aktuell, 2007

Vereint für ein Schiff. Auch in der maritimen Szene blüht das Vereinsleben. Um die deutschen Großsegler am Wind zu halten, haben sich zahlreiche Vereine gebildet. Einige Beispiele: »Greif« – »Förderverein Rahsegler Greif e.V. Greifswald«; »Fridtjof Nansen« – Traditionssegler Fridtjof Nansen e.V.; »Roald Amundsen« – LebenLernen auf Segelschiffen e.V.

Der Lotsenschoner »Cuxhaven« wurde 1901 auf der Peterswerft in Wewelsfleth gebaut und heißt seit 1930 »Atalanta«.

MIRCEA
POWER OF DREAMS GERMANY
By Honda Motor Europe (North) / Concept by Project Raceboat
haraldschloten.de
RIWAX
CIRA-ART
12
TeNo

»Wir kriegen das alles hin!«

Organisation, Sail-Team und »Bürgerbewegung«

Es muss so Ende der 1990er Jahre gewesen sein, da sagte ein Mitarbeiter des Sail-Büros am Beginn der wöchentlichen Montagsdienstberatung halblaut zu seiner Nachbarin: »Na, welche Halle gehört uns denn heute?« Es war dann doch lauter als geplant, so dass es die Runde hörte und lachte. Nur Roland Methling, damals Leiter des Hanse-Sail-Büros, guckte etwas ratlos umher. Es war die Zeit, als bis zu 25 Menschen, feste oder zeitweise »Sailianer«, zunächst noch im »Gelben Haus« und ab 1998 im Hochparterre des »Theaters im Stadthafen« tagten. Es war die hohe Zeit der sogenannten Arbeitsbeschaffungsmaßnahmen (ABM). Hintergrund der Bemerkung war, dass Methling mehrere Hallen der ehemaligen Neptunwerft im Blick hatte, um hier, ähnlich wie in Papenburg oder Bremerhaven, einen maritimen Museumskomplex zu installieren und die Hallen kulturell zu nutzen, statt sie dem zu befürchtenden Verfall preiszugeben. Das Herzstück des Komplexes – die Halle 207 – wird vom Theater inzwischen als Sommerspielort genutzt.

Zwei ungleiche Sail-Gäste: Die rumänische Bark »Mircea« und ein flinkes Powerboat aus einer anderen Zeit

AUSSERGEWÖHNLICHE MARITIME ENERGIEN AN DER SPITZE

Die halblaute Bemerkung bezog sich auf einige der Haupteigenschaften von Roland Methling: Auf den unbändigen Willen, die überdurchschnittliche Energie und den nie versiegenden Ideenreichtum, aus den maritimen Hinterlassenschaften Rostocks und Mecklenburg-Vorpommerns etwas zu machen und die vorantreibende Rolle Rostocks bei der Wieder- und Neubelebung der Traditionsschifffahrt zu unterstreichen. Seeseitig sind das sein Engagement bei der Rekonstruktion eines Zeesbootes, bei der Replik »Hiorten«, beim Wiederaufbau der »Undine« oder beim Versuch, eine Bark für Rostock, die »Passatwind«, zu bauen. Landseitig zählen hierzu die Replik eines historischen Hafentretkrans, die 777-Jahrfeier Rostocks, die Winter Sail für Windjammer oder die sogenannten Christinenmärkte im Stadthafen.

Roland Methling braucht wenig Schlaf. Das steht im Gegensatz zum bereits erwähnten hohen Energieeinsatz, z. B. auch bei Reisen, wenn er früh um vier oder fünf ins Auto und anschließend in das Flugzeug oder auf die Fähre stieg, um zur A.S.T.A (American Sail Training Association) in die USA, zur I.S.T.A.-Tagung nach London zu fliegen oder nach Skandinavien überzusetzen.

Es gab Zeiten, da hat der gebürtige Schweriner in einer Saison ganz Europa durchreist, von St. Petersburg und Nowgorod über Dünkirchen bis London. Und er brachte immer etwas mit – neue Kontakte und Partnerschaften, Zusagen von Traditionsschiffen zur nächsten Sail oder einfach neue Ideen und unglaubliche Ankündigungen. Beispielsweise, dass zur nächsten Sail eine Dschunke aus China, geführt von den beiden Thüringern Axel Brümmer und Peter Glöckner, kommen werde. Sie kam nicht – sie war kurz nach ihrem Start untergegangen. Die Skeptiker grinsten zunächst: »Na, das haben wir uns doch gleich gedacht.« Zwei Jahre später kam dann die »Kublai's Kahn II« mit Brümmer und Glöckner zur Hanse Sail 2006.

Methling ist anders gestrickt als andere. Er zählt nicht 1, 2, 3, 4, 5, sondern sieht die 5 als das Ziel an, guckt noch mal kurz auf die 1 und fragt, wenn wir als Normalbürger bei der 3 skeptisch werden: »Wo ist das Problem?« Bis zu seiner Wahl als Oberbürgermeister der Hansestadt Rostock Anfang 2005 hat Roland Methling in fast anderthalb Jahrzehnten Hanse Sail Hunderte große und kleine Ideen entwickelt. Und er hat wenige davon im Laufe der Zeit vergessen oder gar aufgegeben.

Beim erstaunten Nachfragen kam und kommt von ihm dann in der Regel ein zweiter Standardsatz: »Wir hatten

Rostocker Witten – geprägt zu Rostocks 777-jährigem Jubiläum

China–Venedig–Rostock: die »Kublai's Kahn« im Heimathafen

Die »Sedov«, ältester und größter noch aktiver Windjammer der Welt

doch gesagt!« Und es gibt einen dritten, den er vor allem dann anbrachte und heute noch anbringt, wenn mitunter die vorübergehende Ratlosigkeit auch bei ihm und seinen Mitarbeitern groß war: »Wir kriegen das alles hin!« Meist folgte dann bei den männlichen Mitarbeitern ein freundlicher Knuff in Schulterhöhe.

Seit 2005 ist Holger Bellgardt, er war ab 2001 stellvertretender Leiter im Organisationsbüro, der »Sail-Chef«. Er ist es in schwierigen finanziellen Zeiten, in denen es weder ABM-Maßnahmen noch die Funktion eines Stellvertreters gibt. Mit seinen knapp zwei Metern Körpergröße ist der in Schönebeck an der Elbe Geborene und in Rostock Aufgewachsene schon rein äußerlich der Mann mit Übersicht. Und tatsächlich hat der diplomierte Verkehrslogistiker in seiner Feuertaufe beim Millenniumsprojekt »Sail 2000« gleich am Anfang bewiesen, dass er ein Organisationstalent und der Garant für die erfolgreiche Fortführung des maritimen Millionenfestes ist. Und auch er ist ein Quell immer neuer Ideen. In der Gesamtorganisation und bei einzelnen Projekten, wo er wie bei den Auftritten der Hanse Sail in München oder Neuss selbst den Truck fährt und hinter dem Biertresen steht. Gemeinsam war und ist den beiden Männern an der Spitze ihre Leidenschaft für die Sail, ihre Begeisterungsfähigkeit und die Tatsache, dass sie beim Gehalt eines

Gymnasiallehrers nicht auf die Uhr gucken. Gleiches galt für die Stellvertreter in den 1990er Jahren, Hartwig Kalisch und Klaus-Dieter Block.

AUF DER SUCHE NACH NEUEN UFERN

Vier bis fünf Jahre nach dem schwierigen Start hatte sich unter vielen Mühen eine feste Mitarbeiterstruktur herausgebildet mit heute vier festen Angestellten, die für die Bereiche Technik, Kultur und Protokoll, Markt und Sponsoring sowie Buchhaltung zuständig sind. Zu dem ganzjährigen Organisationsgerüst gehört der 1994 gegründete »Hanse Sail Verein zur Bewahrung der Traditionsschifffahrt in der Ostsee e.V.« Hier sind es zwei Männer, die den Verein als Vorsitzende geprägt haben: Peter Rath (Jahrgang 1937) und Günter Senf (1941), beide Sail-Pioniere der ersten Stunde. Der Verein beschäftigt heute sechs Mitarbeiter. Darunter sind vier Kolleginnen in der Tall-Ship-Buchungszentrale, die nicht nur während der Sail, sondern ganzjährig weltweit Windjammer verchartert. Zum »Organisationskern« der Hanse Sail gehören zudem Ruheständler und Freiberufler, die auf Honorarbasis z. B. für die Bereiche Schiffsakquise, Vercharterung, Presse- und Öffentlichkeitsarbeit sowie die Erstellung der Druckerzeugnisse zuständig sind.

Für die Geschichte der oft verworrenen ostdeutschen Arbeitsmarktentwicklung der Nachwendezeit wären das Büro Hanse Sail und später der Sail-Verein ergiebige Untersuchungsfelder hinsichtlich der Fragestellung, was

Klaus Müller war lange Jahre zuständig für Schiffsakquise und Computer der Sail.

alles möglich war, welche Blütenträume und Hoffnungen es gab, von denen zum Glück auch einige aufgingen. ABM, SAM oder GAP – die Hanse Sail hat seit 1991 schätzungsweise 400 Menschen eine Chance geboten, in einer ungewöhnlichen Mannschaft ihre zum Teil hochqualifizierten Fähigkeiten einzubringen oder erste praktische Erfahrungen zu sammeln.

Der heute hier und da unter Imageproblemen leidende Begriff »Praktikant« hat im Sail-Büro einen guten Klang und genießt noch immer Wertschätzung, weil ohne Praktikanten, darunter auch junge Leute aus Großbritannien, Polen, Skandinavien oder Lettland, die vielfältigen Arbei-

HANSE SAIL ROSTOCK '91

PRESSEINFORMATION

Gesucht werden:
Gast-Führer für die Besucher der "Hanse-Sail Rostock '91"

Wenn die "Hanse-Sail Rostock '91" im Juli dieses Jahres ihre "Segel hißt", wird nicht nur eine Auswahl der Traumschiffe aller Weltmeere eintreffen, sondern es werden vor allem Hunderttausende von Besuchern aus aller Welt erwartet.

GASTFREUNDSCHAFT wurde in Rostock, Warnemünde und der ganzen Umgebung schon immer großgeschrieben. Wer zur "Hanse-Sail" anreist, möchte nicht nur die vielen Segelschiffe bewundern oder das umfangreiche Veranstaltungsprogramm genießen, sondern auch Stadt, Land und Leute näher kennenlernen.

Der Reiz des Neuen ist noch frisch - viele Menschen aus Westdeutschland und anderen europäischen Nationen werden nach dem Sturz der Mauer und Öffnung der Grenzen die Möglichkeit nutzen, eines der landschaftlich schönsten Gebiete der ehemaligen DDR zu besuchen.

Die "Hanse-Sail Rostock '91" ist eine Veranstaltung, die sich ausschließlich aus Sponsorenmitteln und Einnahmen aus dem Veranstaltungsrahmen - ohne Zuschüsse der Kommune, des Landes oder des Bundes - finanziert. Eine Kulisse wie 1989 in Hamburg oder 1990 in Bremerhaven kann - und soll - nicht geboten werden. Dafür aber eine Atmosphäre, die alles Dagewesene überbietet. Die Organisatoren der "Hanse-Sail" sind dafür ganz besonders auf die breite Unterstützung der Bevölkerung angewiesen.

Private Initiative ist gefragt! Die Bereitstellung von Privatquartieren, Maßnahmen zur Stadtverschönerung sind nur zwei Beispiele. Wer kennt sich besser in Rostock, Warnemünde und Umgebung aus als die Menschen, die dort leben? Das Organisations-Büro sucht engagierte Gast-Führer zur Betreuung der auswärtigen Besucher.

Diese Gast-Führer - Mindestalter 18 Jahre - sollten nicht nur kontaktfreudig sein, sondern persönliche Verbundenheit zur Heimat und fundierte Orts- oder Geschichtskenntnisse mitbringen. Wenn dann auch noch Fremdsprachenkenntnisse vorhanden sind - um so besser! Skandinavische Gäste werden ebenso erwartet wie Besucher aus Polen und der Sowjetunion.

Dieser persönliche Betreuungsservice gibt einmal mehr Gelegenheit, dem eigentlichen Ziel der "Hanse-Sail Rostock '91" näherzukommen. Denn diese Veranstaltung will Impulse für Wirtschaft, Handel, Verkehr und Touristik geben. Und sie will wichtige Kontakte zu anderen Teilen der Welt knüpfen.

Interessenten melden sich bitte beim Organisations-Büro der "Hanse-Sail Rostock '91" im Ständehaus in Rostock, Telefon 22 591 oder 22 695.

(42 Zeilen a 60 Anschläge)

FÜR WEITERE INFORMATIONEN:
PRESSEBÜRO BREMEN: M & 10 PUBLIC RELATIONS
GRAF-MOLTKE-STRASSE 62 · W-2800 BREMEN 1 · TEL. 0421 / 34 79 761 · FAX. 34 55 60
PRESSEBÜRO ROSTOCK: M & 10 PUBLIC RELATIONS
FREILIGRATHSTRASSE 14 · O-2500 ROSTOCK · TEL. 0037 81 / 2 23 79 · FAX. 2 34 81

Der Anfang des inzwischen legendären Betreuersystems

ten nicht zu bewältigen wären. Und aus dem Praktikantendasein sind manche Mitarbeiterstellen geworden. Einen Draht zum Nachwuchs stellt auch der wissenschaftliche Kontakt zu Studenten dar. Ca. 20 Diplom-, Bachelor- oder Masterarbeiten hatten die Hanse Sail als Gegenstand und wurden durch ihr Büro gefördert und mitbetreut.

Ein weiteres tragendes Element der »Bürgerbewegung« Hanse Sail ist das sogenannte Betreuersystem. Hierin spiegelt sich das ehrenamtliche Spektrum in besonderer Weise. Von der 82-jährigen Gisela Schwerin bis zum 18-jährigen Schüler oder Studenten, der, wenn er hereinkommend »Tach« sagt, von der älteren Dame den Hinweis bekommt: »Das heißt ›Guten Tag‹, junger Freund.« Solch fehlerhafte Knniggeformen gleichen junge Leute mühelos aus, wenn ältere Mitstreiter fragen: »Wo, bitte sehr, geht denn hier der Computer an?«

Die Rostocker Betreuerinnen und Betreuer genießen international eine hohe Wertschätzung und machen die Hanse Sail bei vielen Skippern und Crews weltweit zur freundlichsten und beliebtesten Sail. Freundschaften und Lieben sind durch das gleichermaßen seltsame wie wirkungsvolle Betreuersystem entstanden. Und so kann es durchaus passieren, dass der Sail-Chef in Amsterdam oder Brest von einem Crewmitglied auf die Frage »Where do you come from?« zur Antwort erhält: »Rostock, Lütten Klein.«

Entdeckerfreude am Detail

Blick ins Archiv (III)

Mehr als ein Modellversuch

Am 24. Juni 2006 öffnet das ehemalige Schifffahrtsmuseum in der August-Bebel-Straße 1 seine Türen für eine große Schiffsmodellausstellung. Gezeigt werden bis Oktober über 150 Nachbildungen, die beispielhaft die Entwicklung der Schifffahrt, des Schiffbaus sowie der Hafenentwicklung in Rostock und der Ostseeregion widerspiegeln. Ein Teil der Schau widmet sich dem 50. Jahrestag der Deutschen Marine, ergänzt durch Modellrückblicke auf die Volksmarine. Das wird ohne Zweifel ein »Landhöhepunkt« der 16. Hanse Sail.

Zumindest zeitweise wird hier zusammengetragen, was zusammengehört: Modelle aus dem reichen Fundus des Schiffbau- und Schifffahrtsmuseums, aus dem Büro Hanse Sail, aus dem Besitz von Institutionen, großen Firmen wie Scandlines oder der DSR und von Privatpersonen. Präsentiert werden Modelle des ganzen Spektrums an Wasserfahrzeugen aus mehreren Epochen.

Anderthalb Dutzend maritime und andere interessierte Vereine sind bei dem neuen »Modellversuch« dabei, ebenso die Hansestadt Rostock, die das Haus stellt und für Strom, Wasser und Wärme sorgt. Langjährige Partner der Hanse Sail sind dabei, z. B. die OSPA oder die Hanseatische Brauerei Rostock, die 20 000 Euro für die Renovierung des Haupteingangs des Schifffahrtsmuseums zur Verfügung stellt.

Organisatorisches Rückgrat ist der im April 2006 gegründete Trägerverein »Societät Rostock maritim«, der dafür sorgen will, dass das langjährige Museum maritimes Begegnungszentrum wird und von den historischen und aktuellen maritimen Taten der Hansestadt kündet.

Der Erfolg des Vorhabens hängt nicht vom Glück ab, sondern von der breiten Erkenntnis, dass Kulturabbau und Stagnation nicht zwangsläufiges Schicksal sind und dass durch stärkeres gemeinschaftliches Engagement Wichtiges zu bewahren ist. Insofern ist die Initiative rings um die »Societät Rostock maritim« mehr als ein Modellversuch.

kdb, Kulturkalender, Juni 2006

***Geballtes Ehrenamt.** In Rostock sind ungefähr 20 Vereine beheimatet, die sich um maritime Traditionen kümmern. Der Hanse Sail Verein, die Societät Rostock maritim, der Verein der Funkoffiziere zu Rostock oder der Verein der Kapitäne und Schiffsoffiziere gehören ebenso dazu wie der Verein der Schiffsingenieure, der Helmtaucherverein oder der Förderverein Luft- und Raumfahrt. Maritimes Tun ist aber nicht gezwungenermaßen an die Küste gebunden: Im sächsischen Freiberg gibt es den DSR-Seeleute-Verein – auch er und seine Mitglieder pflegen ein enges Verhältnis zur Hanse Sail.*

Modellschiffbau historisch:
Votivschiff in der
Rostocker Petrikirche

Ein beliebtes Fotomotiv ist der Klick in die Rahen.

Törnbuchungen in einem »Weltunternehmen«

Mitsegeln auf einem Vollschiff, auf einer Bark oder Galeasse ... Diesen Wunsch erfüllen sich jährlich zur Hanse Sail mehr als 30 000 Menschen. Das Mitsegeln ist ein »Pfund« für das Rostocker Fest, weil im Unterschied zu Hamburg das Meer vor Warnemünde nur eine Stunde vom Stadthafen entfernt liegt.

Zwischen Wunsch und Segelrauschen liegt die Buchung per Telefon, Fax oder Mail, in der Regel über die Tall-Ship-Buchungszentrale des Hanse Sail Vereins. Hier sitzen vier Frauen. Mandy Schultz, vor einigen Jahren noch »Lehrling« bei Buchungs-Altmeister Peter Heine, leitet mit Mitte zwanzig ein »Weltunternehmen«, in dem man nicht nur einen Tagestörn buchen, sondern sich gleichzeitig dafür entscheiden kann, in der ganzen Welt etwas zu unternehmen.

In erster Linie mit Traditionssegelschiffen. Zur Auswahl stehen z. B. Törns mit der »Kruzenshtern«, mit der »Christian Radich«, der »Mir« oder der »Antigua«. Oder zum Beispiel mit der »Atlantis« zwischen Athen und Messina oder zwischen Palma und Teneriffa. Wer lieber in der Ostsee bleiben will, kann den Törn Sonderborg–Rostock oder Riga–Kiel wählen.

Viermastbark »Kruzenshtern«, Heimathafen Kaliningrad

Viel schöner als auf der »Titanic«!

Ende 2003 sind die neuen internationalen Törnpläne erschienen, in den ersten Wochen des neuen Jahres waren die Nachfragen und Buchungen besonders intensiv. Jetzt ist es etwas ruhiger und auf allen Schiffen sind noch Plätze vorhanden. Allerdings werden die Tagestörntickets zur Hanse Sail erfahrungsgemäß im Frühjahr immer knapper.

Wer will, kann mit Hilfe von Mandy Schultz und ihren Kolleginnen auch in die Luft gehen. Denn neben Segeltörns vermittelt die Buchungszentrale auch Rundflüge mit Wasserflugzeugen. Darüber hinaus Fährpassagen im Ostseeraum sowie Hotels und Pensionen in und um Rostock.

Natürlich machen vier Mitarbeiterinnen noch kein Weltunternehmen aus. Aber bei der Anzahl der Buchungen und angesichts der Umsätze bei Törns auf Traditionsseglern gehört die Buchungszentrale im Rostocker Stadthafen zu den Großen in Europa und vielleicht sogar in der Welt.

kdb, Kulturkalender, Februar 2004

Von Äquatortaufen im gelben Haus

ZEHN JAHRE HANSE SAIL VEREIN

Angler, Künstler, Kaninchenzüchter, Segler, Schützen ... Es gibt in Deutschland über eine halbe Million eingetragene Vereine. Was wäre die Bundesrepublik ohne sie!

Und was wäre die Hanse Sail ohne den »Hanse Sail Verein Rostock zur Förderung traditioneller Schifffahrt in der Ostsee«! Der Verein mit dem komplizierten Namen, der trotz seiner Länge die Leistungen nicht widerspiegelt, hat sich in den letzten Jahren zu einem nicht wegzudenkenden Dienstleister für das große maritime Fest an der Warnow entwickelt. So manche Idee von Sail-Chef Roland Methling hätte das Licht der praktischen Umsetzung nicht erblickt, wenn es den Verein nicht gäbe.

Der Verein ist mit der Mehrzahl seiner Mitarbeiterinnen und Mitarbeiter in der ehemaligen Wache des Rostocker Stadthafens, im »Gelben Haus«, beheimatet. Mittlerweile sind es zehn – von jungen Frauen mit Kindern, wie Silke Bohle oder Ines Sachs, die sich mit ihrer Arbeitslosigkeit nicht abgefunden haben, bis zu gestandenen Seebären, wie Peter Heine oder Rainer Petrick, die noch nicht zum alten Eisen gehören wollten. Der Vereinsvorsitzende Peter Rath könnte zu jedem Einzelnen lange, aber auch erfolgreiche Arbeitsamtsverhandlungsgeschichten erzählen.

Wer als fremder Besucher nicht nur zur Sommerszeit das gelbe Haus betritt, das vor einigen Jahren von Mitarbeitern des Sail-Büros und Vereinsmitgliedern vor dem Verfall gerettet wurde, wird eine noch so deftige Äquatortaufe als Kinderspiel empfinden.

In das Eckzimmer von Günter Senf, erster und langjähriger Vorsitzender des Hanse Sail Vereins, tropft es bei starkem Regen von der Decke. Der Kapitän zur See a.D. hat inzwischen ein Tropfumleitsystem entwickelt, das einen weiten Bogen um seine wichtigen Sail-Betreuerlisten macht. Die Zwölftonner auf der B 105 bringen das Haus zum Schwingen. Am zweiten Augustwochenende zur Hanse Sail, wenn sich hier auf knapp 100 m^2 mitunter bis zu 60 Menschen gleichzeitig bewegen, herrschen Temperaturen um die 50°.

Günter Senf, ein sportlicher Sechziger, hat gleichzeitig 100 Fäden in der Hand, um die großen und kleinen Aufgaben der Vereins zu koordinieren. Aber es können auch 1 000 sein und darunter sind immer wieder Knoten, die es zu entwirren gilt.

Es gibt regen Publikumsverkehr, eine Abschottungssekretärin existiert nicht.

»Unnormal«, denkt sich der Besucher, und wenn er nach und nach mitbekommt, was der Verein ganzjährig leistet, wird er noch ein »Unglaublich« nachschieben.

Förderung und Pflege der traditionellen Schifffahrt und die mit ihr verknüpften kulturellen, wirtschaftlichen und finanziellen Aspekte zu gewährleisten, heißt eine trockene

Selbstverpflichtung des Vereins. Auch das ist untertrieben: Für rund 1 Million Euro werden pro Jahr Mitsegelreisen vermittelt, wichtige Existenzgrundlage für die Briggs, Galeassen und Vollschiffe.

Peter Rath produziert die Druckerzeugnisse der Sail – vom einfachen Werbeflyer über die Plakate bis zum Hanse-Sail-Magazin, das wesentlich über vom Verein akquirierte Anzeigen finanziert wird. Unter seiner Regie initiiert und organisiert der Verein trotz Kulturfinanzkrise jährlich ein halbes Dutzend Ausstellungen mit Malern, Bildhauern und Fotografen der Küste.

Der Vertrieb der mittlerweile reichen Palette von Hanse-Sail-Erzeugnissen läuft über den Verein; die Internetpräsentation wird hier gestaltet, der Internationale Markt wird von Eberhard Knust, mittlerweile ordentlicher Altersrentner, organisiert.

Sail-Flyer aus den Jahren 1991 bis 2000: keine falschen Versprechungen!

Jenseits von »Vereinsmeierei« gibt es zahlreiche maritime Vereine und Projekte, die vom Sail-Verein unterstützt werden. Dazu gehören der Förderverein Ostseeschifffahrt e.V., die Deutsche Gesellschaft für Schifffahrts- und Marinegeschichte e.V. Regionalverband Rostock, der »Passatwind« sailing Verein, der Förderverein des historischen Seglers »Atalanta«, der Nachbau des schwedischen Ostindienseglers »Götheborg«, oder die »Greif«, der im IGA-Jahr 2003 das Marssegel gespendet wurde und, und, und ...

Am 3. Juni 2004 besteht der Hanse Sail Verein zehn Jahre und es wird bei der ständig zunehmenden Anzahl der Ideen und Vereinsaufgaben schwer sein, Günter Senf zu überzeugen, die Fäden für eine Feierstunde aus der Hand zu legen.

kdb, Hanse Sail Magazin, 2004

Was macht das Hanse-Sail-Büro eigentlich im Winter?

Hier kann man ruhig den überstrapazierten Sepp-Herberger-Spruch abwandeln und sagen: Nach der Sail ist vor der Sail. Werbematerialien für die Hanse und Baltic Sail werden erarbeitet, gedruckt, verschickt oder auf Messen verteilt. Das Hanse Sail Magazin wird produziert. Der Kontakt mit Kapitänen und Eignern muss elektronisch, brieflich, persönlich auf Messen oder auf Konferenzen intensiv gepflegt werden, vor allem weil die Traditionsschiffe weltweit heftig umworben werden.

Um die stolzen »Ladys der Meere« an die Hansestadt wieder oder neu zu binden, sind mitunter weite Wege nötig. Und es gibt ab Dezember wieder eine kleine Winter Sail mit dem größten Traditionssegler der Welt, der russischen »Sedov«, die am Warnemünder Passagierkai, vorweihnachtlich beleuchtet, für maritime Adventsstimmung sorgt. Schließlich gibt es wieder den traditionellen Weihnachts-Hafenstammtisch mit einem prominenten Gast: Am 9. Dezember wird Björn Engholm im Baltic Point erwartet.

kdb, Kulturkalender, Dezember 2003

Das Netzwerk der Hanse Sail

Partner und Sponsoren

Die Hanse Sail gleicht einem Netz aus feinen und robusteren Fäden, die an zahlreichen Stellen miteinander verknüpft sind und bei denen man weder Anfang noch Ende bestimmen kann. Organisatoren, Partner und Sponsoren leben in einer Symbiose, zwischen ihnen herrscht ein ständiges Geben und Nehmen. So gibt die Marine ihre Schiffe zu Besichtigungen frei, kann dafür aber über ihre Aktivitäten informieren und nimmt gar den einen oder anderen Interessierten in Ausbildung. Die Sponsoren geben Geld in den Topf der Hanse Sail, entnehmen diesem aber wirksame Werbung und Anerkennung. Sogar die Besucher, die doch in erster Linie die Angebote des maritimen Festes nur wahrzunehmen scheinen, unterstützen deren Akteure durch einen Tagestörn, eine Karussellfahrt oder den Kauf eines Fischbrötchens.

Viele fleißige Hände haben mitgeholfen, das Hanse-Sail-Netz zu knüpfen. Etwa 500 Partner hat die maritime Veranstaltung heute in Rostock, Mecklenburg-Vorpommern und weit darüber hinaus. Vielen ist die Unterstützung des Großereignisses zur Herzenssache geworden. Sie fragen nicht nach dem sofortigen Nutzen oder Verdienst, sondern investieren in die Region und den Optimismus. Andere, die von der Hanse Sail unmittelbar profitieren, »verpuppen sich« und zehren vom Fleiß der anderen. Doch die Hanse Sail kann in ihrer Größe nur bestehen, weil es viele gibt, die fleißig neue Fäden spinnen, um das Netz auszubessern, es weiter zu festigen und auszudehnen.

Von Beginn an Partner der Hanse Sail ist die Deutsche Marine. Jährlich steuert sie zum maritimen Fest einige Höhepunkte bei: Fregatten oder Schnellboote mit »Open Ship«, Hubschrauber oder U-Boote, einen offenen Marinestützpunkt und natürlich den »Traum in Weiß« – das Segelschulschiff »Gorch Fock«. Traditionell ist die Marine in die Eröffnung der Sail eingebunden. Frei nach dem Motto »Alles Gute kommt von oben« stürzen sich wagemutige Männer und Frauen aus der Luft ins Getümmel. Ob es Waffentaucher sind, die aus einem zwölf Meter über der Warnow schwebenden Hubschrauber den freien Fall wagen, oder Fallschirmjäger, die aus zwei Kilometern Höhe die Veranstaltungsfahnen einfliegen und die Landesfarben an das Firmament malen – die Aktionen der Marine sind stets spektakulär. Laut geht es bei den Kanonieren zu, die die Hanse Sail unüberhörbar eröffnen und die einlaufenden Schiffe mit Böllerschüssen begrüßen. In den ersten

Die Fregatte »Mecklenburg-Vorpommern« trägt den Namen des schönen Bundeslandes in alle Welt.

Traditioneller Auftakt der Hanse Sail:
Fallschirmjäger der Marine
als Flaggenboten

***Die »Gorch Fock« und die Hanse Sail.** Wenn die Marine zum »Open Ship« einlädt, wird der Platz an der Kaimauer von Vor- bis Achterleine knapp. Mit 4 000 Besuchern an nur einem Tag war die »Gorch Fock« nicht nur 2009 das beliebteste Schiff. 2008 feierte sie ihren 50. Geburtstag in Rostock – worauf viele andere Hafenstädte neidisch waren. Eine Sonderbriefmarke und eine 10-Euro-Gedenkmünze zeugen vom Stolz Deutschlands auf sein schönstes Marineschiff, das seit 1991 immer wieder zur Hanse Sail kommt.*

zehn Jahren der Sail-Geschichte war hierfür das Böllerkommando der Marineschule Mürwik zuständig. 2000 übernahm die »Schützengesellschaft Concordia von 1848 e.V.« diese gewichtige Aufgabe und organisiert seitdem auch das »Kanoniers- und Böllertreffen« am Gehlsdorfer Ufer, an dem Vereine aus ganz Deutschland teilnehmen.

FÖRDERER AN BORD

Ebenfalls nicht fehlen dürfen bei der Eröffnung die Sponsoren. Nach dem feierlichen Glasen der Schiffsglocke folgt jener Teil, aufgrund dessen wohl so mancher gerne Schirmherr der Hanse Sail wäre: der Fassbieranstich. Adrett, in einer Schürze der Hanseatischen Brauerei Rostock, wird das Fass zum Sprudeln und die Freude zum Überschäumen gebracht. Seit vielen Jahren ist die Brauerei einer der Hauptsponsoren der Sail. Jährlich versorgt sie einen Großteil der Schiffe mit Kühlanlagen, frischem Bier und Gläsern. Leider musste ein Betreuer einmal feststellen, dass die Gläser bei vielen Schiffen nicht in die Spülmaschine passen. Doch auch hierfür wurde eine Lösung gefunden, denn Bier schmeckt ja fast aus jedem Glas. Auf dem Markt entlang des Warnowufers ist die Rostocker Brauerei gegenwärtig mit rund 30 Ständen vertreten.

Ohne ihre Sponsoren wäre die Hanse Sail um viele Attraktionen ärmer. Die beliebten Sailor's Feuerwerke am nächtlichen Himmel über dem Stadthafen und Warnemün-

Auf eine erfolgreiche Sail! Ministerpräsident Erwin Sellering (Mitte) und das »Eröffnungsteam«.

de werden von der OstseeSparkasse Rostock präsentiert, die Wasserskischau bezahlt Eurawasser; Coca Cola spendet Erfrischung und Scandlines unter anderem die Schärpe für die »Miss Hanse Sail«. Auch der Ostdeutsche Sparkassenverband engagiert sich seit Jahren finanziell. Schon 1993 stellte der damalige Oberbürgermeister Kilimann fest: »Die Hansestadt Rostock konnte beide durch die internationalen Medien stark beachteten Ereignisse nicht aus eigener Kraft veranstalten. Ohne die großzügige Unterstützung von Sponsoren hätte es diese Windjammertreffen nicht gegeben.« Auch Sail-Chef Holger Bellgardt erklärte 2009 gegenüber Journalisten, dass man die Hanse Sail ohne die Kraft der Sponsoren nicht »heben« könne. Gut 50 Sponsoren unterstützten den in jenem Jahr durchgeführten 19. Durchlauf mit rund 360 000 Euro, gut 30 Prozent des Gesamtbudgets.

Bedeutend für den reibungslosen Ablauf des Windjammertreffens sind auch Sach- und Dienstleistungen. Laufend müssen Organisatoren, Moderatoren oder wichtige Gäste von Warnemünde in den Stadthafen, nach Marienehe oder zu einem anderen Veranstaltungsort gebracht werden. Da dieses eben nicht »laufend« erledigt werden soll, bilden zahlreiche Automarken – von Chrysler über VW bis hin zu Honda und Mercedes – den fahrbaren Untersatz, gesponsert von unterschiedlichen Partnern, wie dem Autohaus Goldbach. Für den Transport der Chöre und anderen größeren Gruppen stellte MAN einen Reisebus zur Verfügung.

Ein wichtiges Thema ist natürlich das leibliche Wohl der Gäste. Um die Versorgung der Schiffe kümmern sich Cateringfirmen, Schiffsausrüster und Schiffsservice. Seit 1991 bewirten Restaurants die Crews der Teilnehmerschiffe. 2009 luden 46 Gaststätten am Sail-Sonntag die Besatzungen der Teilnehmerschiffe zu Speis' und Trank ein. »Gastliche Mecklenburger« nennt sich dieser Teil der Veranstaltung. »Aus keinem anderen Hafen der Welt ist mir diese Form der Gastfreundschaft bekannt«, schwärmte der Kapitän der »Khersones«, Oleg Elfimov, 1992.

STARKE PARTNER

Viele Fäden des Sail-Netzwerkes halten Vereine in der Hand, allen voran der Hanse Sail Verein. Seit 1991 begleitet beispielsweise die »HansePhil« das maritime Fest. Bei Tauschbörsen können die Freunde der kleinen Marken ihre Sammlungen erweitern. Ein ruhiger Ort mit Tradition, Schmuckkuverts, Sonderbriefmarken und -stempeln. Auch bei der Organisation des Seefliegertreffens, der Engeneers Reception, bei maritimen Ausstellungen und Schiffsmodellvorführungen sind Ehrenamtler beteiligt.

Für Sicherheit und Ordnung beidseitig der Kaikante zeichnen verschiedene Institutionen verantwortlich. Schlepper und Lotsen führen die Schiffe an ihren Liegeplatz, Wasserschutzpolizei und Polizei halten ihre wachsamen Augen offen, Feuerwehr und Deutsche Gesellschaft

Sonderstempel zum Erstanlauf der »Hiorten« in Rostock

Doch was wäre die Hanse Sail, würde sie keiner kennen? Ohne die begeisterten Besucher aus Deutschland und der ganzen Welt käme wohl kein Schiff und kein Händler in die Hansestadt. Via Print, Ton und Bild verbreiten die Medien Wissenswertes über die Hanse Sail. Seit den Anfangszeiten ist der Norddeutsche Rundfunk mit dem maritimen Fest verbunden. Ebenso wie Antenne Mecklenburg-Vorpommern, zwischenzeitlich Hitradio Ostseewelle oder lohro bespielt die Rundfunkanstalt nicht nur eine eigene Bühne, sondern berichtet ihren Zuschauern und -hörern vom Neuen und Schönen an der Rostocker Waterkant. Enge Partner zur Rettung Schiffbrüchiger sind allzeit bereit. Wie ein Rettungsmanöver konkret aussieht, kann das neugierige Publikum bei Übungen während der Sail-Tage erleben.

Die Fahrgastschifffahrt, die Deutsche Bahn und der Verkehrsverbund Warnow befördern die Gäste nach und innerhalb von Rostock.

Die wichtigsten Partner des maritimen Festes sind natürlich die Traditions- und Museumsschiffe, die darauf hoffen, dass ihnen viele Mitsegler ins Abenteuernetz gehen.

Die Nutzung des Windes in seiner schönsten Form

sind auch die Ostsee-Zeitung und die Norddeutschen Neuesten Nachrichten. In Sonderausgaben und auf Doppelseiten versorgen sie ihre Leser mit Informationen zum Veranstaltungsprogramm, zu den Schiffen, berichten von den Aktivitäten und Vorlieben der Besucher.

Ihre Zuarbeit bekommen die Medienverteter vom Pressebüro der Hanse Sail. Während der Sail-Tage verstärkt sich das Team zu einem guten Dutzend und bezieht Stellung im Foyer des Theaters im Stadthafen als Anlaufstelle für Journalisten. Bis 2004 wurde hierfür extra ein Container aufgestellt, von dem mancher Kollege noch Leidensgeschichten in Sachen Lärm und Hitze zu erzählen hat. Der Umzug in das Foyer wurde daher von allen Seiten begrüßt. Im Laufe jeden Jahres produziert das Presseteam zwei Magazine, von denen eines im Januar, das andere im Juli erscheint. Auch manches Buch geht über den Ladentisch, das durch die Hanse Sail initiiert und gefördert wurde und mit den Autoren Horst Marx, Thomas Eisenack, Robert Rosentreter und vor allem Peter Rath verbunden ist.

Kein wirkliches Netzwerk funktioniert mehr ohne das virtuelle. Ende 2005 wurde die Internetseite www.hanse-sail.com unter der Regie von Britta Trapp neu strukturiert und konnte seitdem jährlich steigende Zugriffszahlen verzeichnen. Besuchten 2006 noch 60 000 Menschen die Seite während der 16. Hanse Sail, so wurden 2009 schon 126 000 Besucher registriert. Die Internetredaktion dankt es, indem sie die Seite stets auf dem neuesten Stand hält und alle Informationen übersichtlich präsentiert.

Blick ins Archiv (IV)

Taxifahrer zur See

Ihr Name strahlt Freundlichkeit und Dienstbereitschaft aus. Die Gänsefüßchen setzt man schon gar nicht mehr und folgt mit der formal richtigen Bezeichnung »Lotsenbetrieb GmbH Mecklenburg-Vorpommern« auch nur der Informationspflicht. Die Taxifahrer zur See oder auch: das Taxi zur See – klingt doch viel schöner. Sie bringen die Lotsen der Lotsenbrüderschaft zu den Schiffen, die einer »Lotsenannahmepflicht« unterliegen, das setzt bei den Schiffen zur Hanse Sail bei 60 m Länge ein. Sie holen die Lotsen im Seegebiet vor Warnemünde auch wieder von Bord ab. Sie fahren die »Shuttle-Kleinbusse« für die Service-Männer der Schifffahrt im Revier Rostock-Port. Acht Männer sichern 24 Stunden an 365 Tagen den Lotsenversetzdienst im Schichtsystem. Ihre Schiffe tragen die Aufschrift »Pilot«, »Klaashahn« oder »Schnatermann« und fahren auf der Warnow und im küstennahen Seeraum vor Rostock-Warnemünde in einem Jahr zwischen 35 000 und 40 000 km. Moderne Schiffe mit einer Dienstgeschwindigkeit von 18 Knoten, bei einer Antriebsleistung von rund 640 PS, ausgerüstet mit elektronischen Seekarten. Gebaut auf der Fassmerwerft in Berne bei Bremerhaven. 15 m lang. Höchste Sicherheit auch bei Extremwetter für Besatzungen und Lotsen. »Halfglider« oder auch »Semi-Displacer« werden die »Pilot«-Schiffe genannt: Sie drücken sich durch ihre Konstruktion in voller Fahrt selbst aus dem Wasser.

Die Sail ist alljährlich auch für die Rostocker Mannschaft im Lotsenbetrieb eine Mischung aus Fest- und besonders fordernden Arbeitstagen. In Timmendorf auf der Insel Poel (bei Wismar), in Barhöft (bei Stralsund) und in Freest (bei Greifswald) gibt es drei weitere Stationen, Mitarbeiter und »Pilot«-Schiffe. Das seit zehn Jahren privatwirtschaftlich arbeitende Unternehmen mit insgesamt 16 Mitarbeitern wird in Rostock-Warnemünde von einer Frau geführt, die seit Jahren die Hanse Sail anerkennenswert fördert: Rita Matthies. Irgendwie ist Rostock ja doch einmalig …

Horst Marx, Hanse Sail Magazin aktuell, 2005

Ein echter Sail-Held

Die sonnigen Sail-Tage des Jahres 1999 hätten sich um Haaresbreite verdunkelt, denn die Schattenseite des Alkohols machte sich bemerkbar. Betrunken fällt ein Mann am Passagierkai in die Warnow, direkt in den schmalen »Schlauch« zwischen der Kaikante und einer Bordwand der »Rostocker 7«. Die Maschine des »Dampfers« läuft schon. Olaf Schütt zögert nicht, taucht unter sein Schiff. Er zieht den Verunglückten nach oben. Weg von der Schraube, weg vom Schiff, weg von der Abdrift in den Seekanal. Marlies Rohde und Steffen Schlie werfen ihrem Schiffsführer Tampen zu. Er hält den Bewusstlosen über Wasser, bis die Crew ihn an Bord zieht.

Gleich werden die Segel gesetzt:
Ausfahrt in Höhe Yachthafenresidenz
Hohe Düne

Helfer für große und kleine Probleme

Rostocks alter Hafen an der Warnow ist für vier Tage eine eigene Stadt. Es ist nur alles viel intensiver, lustiger, mitunter auch problematischer. Hunderte Menschen sorgen hinter den Kulissen dafür, dass die Hanse Sail ein schönes Fest für alle Beteiligten bleibt. Allein auf der 400 m langen Strecke zwischen Sail-Büro und Haupteingang sind das z. B. Angehörige der Polizei und des Rettungsdienstes. Hauptkommissar Lutz Heise (43) leitet die zeitweilige Polizeistation, die in einem attraktiven Truck untergebracht ist. »Wichtig ist zunächst«, so der in Stralsund lebende 1,90-m-Mann, »dass wir auf der Sail präsent sind, sowohl stationär als auch bei der Streife. Das beruhigt.« Die Sail sei ein freundliches Fest und dennoch, so Heise, kommt es ab einem bestimmten abendlichen »Pegelstand« zu der einen oder anderen »Kraftmeierei«. »Ansonsten sind wir«, so Polizeimeister Jan Roxin (28), »Ansprechpartner für sich suchende Eltern und Kinder.«

»Touristen mit Blasen werden bei uns ebenso behandelt wie Leute, die z. B. am Eröffnungstag der Sail Probleme mit der Hitze hatten«, berichtet Jan Bartel (40) vom Rettungsdienst Rostock von der Arbeit, an der auch ehrenamtliche Helfer vom Deutschen Roten Kreuz beteiligt sind.

Sail am Sonntag, 2007

Wachwechsel bei den Seenotrettern

Jürgen Gronholz (65) hat abgemustert, Jörg Westphal (44) ist an Bord gegangen. Der Wachwechsel im Informationszentrum Nordost der Deutschen Gesellschaft zur Rettung Schiffbrüchiger (DGzRS) bedeutet für die Hanse Sail Abschied und Neubeginn – glücklicherweise nahtlos. Bei allen Windjammertreffen in Rostock haben die Seenotretter mit außerordentlich attraktiven Aktionen das Programm bereichert: Seenotrettungsübungen, Präsentationen von neuen Seenotrettungskreuzern, deren Farbe noch nach Werft roch. Der Informationswagen der Seenotretter ging stets mit seiner kompetenten Besatzung auf eine viertägige Dauerposition, wenn das Landprogramm zum »Fest der Stadt und des Meeres« gewaltige Besucherströme durch den Stadthafen, am Alten Strom oder am Seekanal des Seebades rollen ließ.

Alles wird so bleiben: 2007 und hoffentlich noch eine sehr lange Zeit. Was Jürgen Gronholz für die Hanse Sail geleistet hat, nannte Rostocks Oberbürgermeister Roland Methling, der 14 Jahre lang selbst Sail-Chef war, in seiner Laudatio zur Verabschiedung des energiegeladenen Mannes »überragend«. Bei der Sail-Premiere schulterte der diplomierte Ingenieur-Ökonom die kaum lösbare Aufgabe

Der Seenotkreuzer »Arkona« ist während der Sail für das Publikum da.

des Leiters für Transport & Logistik – und löste sie mit Format. Der Mann, der im einstigen »Kombinat Ostseetrans« als Verkehrsdirektor und später bei der Ostseetrans Verkehrs AG als Vorstand Verantwortung für über 5 000 Menschen hatte, blieb der Hanse Sail auch nach dem »Partisanen-Einsatz« beim ersten Windjammertreffen verbunden. Allemal in den 14 Jahren als Leiter des Informationszentrums Nordost der Gesellschaft. Gronholz hat in Mecklenburg-Vorpommern die Gesamtzahl der »Förderer des humanitären Seenotrettungswerkes« von 500 auf rund 5 000 gebracht. 1 200 Spendenschiffchen geben in Hotels, Reisebüros oder Tourist-Informationen des Bundeslandes ein sichtbares Zeichen, wie sehr die gute Tat für lebensrettende Einsätze gebraucht wird. Der Vorstand des Hanse Sail Vereins kann weiterhin auf die tatkräftige Arbeit von Jürgen Gronholz zählen.

Jörg Westphal, der nun die »Wache« für die DGzRS in Mecklenburg-Vorpommern übernommen hat, ist seit Jahrzehnten Fischländer und »ehrenamtlicher Rettungsmann« der Gesellschaft in Wustrow. Er hat Schiffsmaschinenbauer auf der Werft seiner Geburtsstadt Wismar gelernt, als Techniker an der einstigen Seefahrtschule Wustrow gearbeitet und war im Fahrzeughandel. Westphal sagte am Tag seiner Amtsübernahme: »Die Hanse Sail wird für die Seenotretter die größte und wichtigste ›Bühne‹ eines jeden Jahres bleiben, um für Unterstützung unserer Arbeit zu werben.«

Horst Marx, Hanse Sail Magazin aktuell, 2007

Seenotrettungsübung als Demonstration

Einfach mitmachen!

Von Mitseglern und sportlichen Höhepunkten

»Einfach mitsegeln!« lautet das Motto der Tall-Ship-Buchungszentrale des Hanse Sail Vereins. Die Aufforderung ist keine Phrase, sondern das Herzstück der Hanse Sail. Erst bei den Segelmanövern und unter vollem Tuch erschließt sich die Faszination der alten Schiffe. Für mehr als 25 000 Mitsegler ist dieses Erlebnis jährlich der Sail-Höhepunkt. Den Kräften der Natur auf dem offenen Meer ausgesetzt, wird ein kleines Stück maritimen Erbes wieder lebendig.

Vor dem Vergnügen steht stets die Arbeit – der anderen. Um die Plätze auf den Segelschiffen zu vermitteln, hat auch der gelernte Makler Wolfgang Bischoff alle Hände voll zu tun. Er informiert, verkauft, bucht um, erfüllt Extrawünsche und tut alles, um Sail-Gäste wie Schiffseigner zufrieden zu stellen. Während der Hanse Sail können Kurz-, Abend- und Tagesfahrten gebucht werden. Ist es nicht das Alter des Schiffes, seine wechselvolle Geschichte oder die Segelfläche, so lockt die Aussicht auf traumhafte Fotos an Bord. Stets ist das Interesse am Mitsegeln groß, die Begeisterung aber vom Wetter abhängig. Landratten sind eben eher Schönwettersegler. So schlägt die Buchungszentrale an wolkenverhangenen Sail-Tagen in enger Zusammenarbeit mit dem Pressebüro besonders laut auf die Werbetrommel. Für viele der Teilnehmerschiffe vermitteln sie die Segelgäste. Ihr Ziel ist klar: Jedes Schiff soll bis zum letzten Platz besetzt sein. Das funktioniert gut und ist für Eigner und Skipper ein kräftiger Anreiz, nach Rostock zu kommen, denn jeder Cent ist wichtig für den Erhalt der Schiffe. Besonders bedeutsam sind Firmenbuchungen, die komplette Kapazitäten auf einmal auslasten. Finanzielle Krisen oder Gesetzesänderungen, die Firmen-Törns nicht mehr steuerlich absetzbar machen, können verhee-

»Segeln Sie mit!« Diese freundliche Einladung macht viele neugierig und auch etwas unsicher. Und so fragen zahlreiche Interessenten in der Buchungszentrale nach den Voraussetzungen für einen Mitsegeltörn. Die Damen und Wolfgang Bischoff können die meisten überzeugen. »Nein, es sind keine Vorkenntnisse erforderlich. Man kann mit anpacken beim Segelsetzen, muss aber nicht.« »Wird mir dabei auch nicht schlecht …?« Dafür kann die Zentrale keine Garantie übernehmen, aber wohl ein passendes Schiff empfehlen. Na bitte! »Segeln Sie mit!«

Das Sail-Feuerwerk im Stadthafen am Samstag – Attraktion für 200 000 Menschen

rende Wirkungen haben. Derartige Ereignisse erhöhen die Anzahl der Stoßgebete zu Neptun, der es hoffentlich richten und durch einen klaren Morgenhimmel viele Kurzentschlossene an Bord der Schiffe locken wird.

Keine Sorgen machen muss sich das Team der Buchungszentrale um den Samstagabend. Die beliebten Höhenfeuerwerke über dem Stadthafen und Warnemünde möchten viele Gäste von Bord aus erleben. Oft sind die Feuerwerksfahrten schon frühzeitig ausgebucht.

DER REIZ DER REGATTEN

Gewettet wird schon im Voraus: Wie viele Schiffe erreichen wohl die Ziellinie und welches wird das erste sein? Die Regatten der Traditionssegler vor Warnemünde sind einfach aufregend. 1994 fand die erste Auflage statt. Zunächst ging es um Pokale des Ministerpräsidenten Mecklenburg-Vorpommerns, des Rostocker Oberbürgermeisters und des Hanse Sail Vereins. In drei Klassen messen sich die Teilnehmer: Rahsegler, Yachten sowie Schoner und Einmaster kämpfen inzwischen um den Pokal des Warnemünder Segelclubs.

Oft wird die Regatta auch zum Kampf gegen das Wetter. Schon so manches Mal musste nach verzweifelten Segel-Versuchen wegen Sturm, Flaute oder Nebel abgebrochen werden. Warum ein solches Aus immer besonders schade ist, erklärte Pasi Hietanen, Kapitän des finnischen Dreimast-Gaffelschoners »Linden«, bei der Nebel-Sail 2007 ganz treffend: »Die Teilnahme an der Hanse-Sail-Regatta ist ein absoluter Höhepunkt für mich und meine Crew und schon etwas ganz Besonderes. Wettfahrten zwischen Traditionsseglern finden nicht sehr häufig statt.«

Umso schöner, wenn die Regatta unter vollen Segeln bis zum Ende ausgetragen wird. In der Königsklasse der Rahsegler wird der »Mehrkampf« allerdings oft zum Alleingang. Für Wettbegeisterte, die auf den Sieg der Schonerbrigg »Greif« gesetzt haben, stehen die Gewinnchancen gut. Schon oft durfte das ehemalige Segelschulschiff

Ein »neues« Traditionsschiff – die Brigg »Mercedes« aus Amsterdam wurde 2005 gebaut.

Ein ehemaliger Rostocker Schlepper:
Gaffeltoppsegelschoner »J. R. Tolkien«

Spaziergang entlang des »Mastenwaldes« von Warnemünde

Bis zu sieben Koggenrepliken waren schon gleichzeitig Gäste der Sail.

einen Pokal in seinen nahe gelegenen Heimathafen Greifswald mitnehmen.

Noch bevor in Rostock der erste Startschuss fällt, beginnen Regatten am »anderen Ufer« der Ostsee mit dem Ziel Hanse Sail. Bekannt geworden ist vor allem die Hiorten-Regatta, die ihren Namen zu Ehren des Nachbaus eines Postseglers von 1692 trägt. 1997 starteten die ersten Traditionssegler aus dem schwedischen Karlskrona in Richtung Rostock. Allerdings ohne die Replik selbst, die damals noch in der Stumholmer Bootswerft gebaut wurde und ihr erstes Rennen 1999 bestritt. Anlässlich des 600. Jubiläums der dänischen Stadt Nysted fand 2009 die erste Haikutter-Regatta statt. Die kleinen, wendigen Fischereifahrzeuge, die ihren Namen aufgrund ihrer motorbedingten Schnelligkeit beim Fischfang bekamen, waren die Hauptakteure der 19. Hanse Sail und führten auch die Parade der Nationen am Abschlussabend an. Zwei Jahre zuvor sollte der Wind vom 2. Koggentreffen in Wismar fünf Nachbauten mittelalterlicher Handelsschiffe zur Hanse Sail führen. Zwar ging Neptun die Luft aus, doch die Repliken kamen trotzdem an. Mit Motorkraft und gesetztem Segel passierte die »Kieler Hansekogge« als erste die Warnemünder Molenköpfe und führte das Geschwader in das »Koggenlager« an der Silo-Halbinsel. Ein unvergessliches Bild für alle Besucher der 17. Hanse Sail.

Dass die Begeisterung für maritime Wettkämpfe ansteckend ist, zeigt das Beispiel der SACHSEN Sail. Den Anfang nahm es im Jahr 2000, als segelbegeisterte Leipziger auf

Segeltörn in die Hansezeit

Die SACHSEN Sail 2004 verlief voller Hoffnung auf Olympia 2012 für Leipzig und Rostock.

dem Vollschiff »Khersones« an der Hiorten-Regatta partizipierten. Schon im Jahr darauf wurde ein sachseninterner Wettstreit ausgefochten. Dresden und Chemnitz akzeptierten die Herausforderung und kämpften auf der Strecke von Cannes nach Malaga um den Sieg. Wo ein Segel ist, ist auch bald ein Rostocker. Die Hanseaten ließen es sich natürlich nicht nehmen, im brüderlichen Wettbewerb gegen ihre sächsischen Freunde anzutreten. 2002 setzte eine kleine Armada von fünf Schiffen Segel, um von Hamburg nach London aufzubrechen. Und so entwickelte sich aus einem einfachen Törn eine länderübergreifende Aktion, die dazu dient, Netzwerke zu knüpfen, Freundschaften zu schließen und Werbung zu machen. 2005 gingen Rostock und Leipzig sogar mit »One Vision« ins Boot: der Olympiaausrichtung 2012. Leider entschied sich das Internationale Olympische Komitee gegen beide Städte als Austragungsorte. Trotzdem wurden die Segel weiter gesetzt. Die Idee fand in den Folgejahren mit dem »WELT«-Cup von Klaipeda nach Rostock oder mit dem 10. Jubiläum des originellen »Sachsentörns« im Mittelmeer (2009) ihre Fortsetzung.

SPORTLICHES ZUR SAIL

Haben die Schiffe für die Tagesfahrten und Regatten den Rostocker Stadthafen verlassen, wirkt die Kaikante verlassen und leer. Doch auch das hat etwas Gutes: Die Schiffe verdecken nicht mehr den Blick aufs Wasser, wo an den Sail-Tagen ordentlich was los ist. Hier heißt es Boot gegen

Der berühmte polnische Segelschiffkonstrukteur Zygmunt Choren hat auch die elegante Brigg »Fryderyk Chopin« entworfen.

Auf der Suche nach den
Schönheiten der Sail

Boot, Brett gegen Brett oder Skier neben Skier. Seit seiner Premiere im Jahr 2005 hat sich das Segelstadion im Bereich der Silo-Halbinsel zu einem Besuchermagneten entwickelt. Ziel der dort von der Wassersportschule Rostock organisierten Veranstaltungen ist, den Segelsport stärker in das Volksfest zu integrieren. Traditionelle Programmpunkte wie Matchraces und Wettkämpfe der Kuttersegler oder Optimistensegler – der kleinsten Bootsklasse für Kinder – werden vom Publikum stets mit Spannung verfolgt. Fünf Jahre lang suchten der Radiosender NDR1 und das Nordmagazin das Segeltalent des Norddeutschen Rundfunks. Beim Hanse-Sail-Achter treten die Rostocker Ruderclubs über eine ungewöhnlich lange Distanz gegeneinander an.

Auch exotischere Sportarten finden Platz im Segelstadion. So gab es schon Drachenbootrennen, Windskater-Weitsprung, bei dem die Konkurrenten an Land auf Skateboards mit Surf-Segeln gegeneinander antraten, oder Stand-up-Paddling, eine Sportart, bei der man sich auf einem Surfbrett stehend per Stechpaddel durchs Wasser schiebt. Atemberaubend sind die Sprünge der Rostocker Wasserspringer von Bord einer historischen Kogge oder die Wasserski-Show mit Kostümen und Pyrotechnik. Die Aktionen im Segelstadion machen den Stadthafen am Tage für die an Land Gebliebenen deutlich attraktiver. In besonderem Maße gilt dies für die Wahl der »Miss Hanse Sail«, die in der ersten Auflage 2005 auf der Bühne beim Segelstadion, später auf der Hanse-Sail-Bühne gewählt wurde. Wie man sieht, tobt der Wettstreit nicht nur auf dem Wasser, sondern auch zu Land. Teams der teilnehmenden Schiffe treten beim Tauziehen, Volleyball oder beim Rostocker Pilsener Hanse Sail Cup im Fußball gegeneinander an. Bei den Wettkämpfen zu Wasser und zu Land ist der sportliche Ehrgeiz immer dabei. Auch hier geht es um Sieg und Niederlage. Doch geprägt werden die Aktionen vom Olympischen Gedanken: Entscheidend ist die Teilnahme. Für Aktive und Zuschauer ist die sportliche Spannung oft das »Salz in der Suppe« des maritimen Festes. Und daher kommt auch so mancher Wettkönig mit einer Niederlage zugunsten des Siegs eines Außenseiters klar.

»Miss Hanse Sail 2009« Kristina Schirokow (Mitte) setzte sich gegen starke Konkurrenz durch.

Segelstadion im Stadthafen

DIE 15. HANSE SAIL ZEIGT SICH BESONDERS SPORTLICH

Segelsport und viele weitere Wettkämpfe werden das Bild der Jubiläums-Sail prägen. 60 Aktive werden von Freitag bis Sonntag während der »SEAT Kitesurf-Trophy« am Strand von Warnemünde auf abgesteckten Kursen und im Freestyle die Besten ermitteln. In unmittelbarer Nachbarschaft sind auf 30 Feldern mehr als 300 Beach-Volleyballer »am Baggern und Schmettern« um den Hanse Sail-Pokal. Die einen werden das Wasser durchpflügen, die anderen den Strandsand umwühlen. Im Rostocker Stadthafen sind an allen vier Tagen im Bereich der Silos Besatzungen der Rostocker Segelclubs unter Regie der Wassersportschule Rostock auf Lasern, 420ern, Xylon und Optimisten am Start. Am Samstag treffen sich dann Nachwuchssegler aus allen fünf nördlichen Bundesländern und segeln um den Titel »NDR Segeltalent«: 30 Optimisten gehen zu den Regatten ins Rennen. Mitsegeln und Mitmachen ist im Segelstadion im Stadthafen ausdrücklich erwünscht. Unter fach- und sachkundiger Anleitung kann man mit an Bord gehen, sei es auf den Sportbooten oder den Segelkuttern. Wenn das Wetter mitspielt, werden auch Zeesboote an den Start gehen und den einen oder anderen Mitsegler suchen. Die Crews der Drachenboote werden nicht vollzählig erscheinen und Plätze an Bord freihalten, um dann – durch Besucher der Hanse Sail komplettiert – im fairen Wettstreit die Schnellsten zu ermitteln.

Den Auftakt zur Sail gestalten die Wassersportler der Rostocker Ruderclubs. Wenn am Donnerstag (11. August) um ca. 23.00 Uhr die Brigg »Fryderyk Chopin« aus Rostocks Partnerstadt Szczecin einläuft, wird sie mit einer

Buchungszentrale behielt trotz stürmischer Kapriolen den Überblick

Mitsegler waren ungehalten. Der russische Großsegler »Sedov« – von vielen als Ausfahrterlebnis ausgesucht – konnte die Hanse Sail nicht pünktlich erreichen und war erst am Sonnabend, kurz vor Mitternacht, im Stadthafen. Mandy Schultz, Chefin der Buchungszentrale und ihre Mitarbeiter leisteten ganze Arbeit. Sie buchten um, nahmen Stornierungen entgegen usw. Die meisten Bucher zeigten Verständnis für die unangenehme Situation. »Die Crew der ›Sedov‹ nahm nach kurzer Ruhe um 9.30 Uhr ihre Mitsegler auf und bot ihnen das erhoffte Abenteuer«, sagte Mandy Schultz freundlich, nur konnte man ihr ansehen, dass die Umbuchungen von 220 Plätzen am Donnerstag und Freitag viel Kraft gekostet hatten.

Sail Bulletin, 2007

Es muss auch ohne
Wind gehen.

Fackelfahrt von 15 Ruderbooten durch den Stadthafen an ihren Liegeplatz geleitet werden – zu den Klängen des Rondos aus dem Klavierkonzert e-Moll von Chopin.

Holger Bellgardt, Hanse Sail Magazin aktuell, 2005

»Fridtjof Nansen« auf historischem Kurs

Getreu dem Leitsatz des Namengebers stellt sich die Crew des Dreimast-Großtoppsegelschoners »Fridtjof Nansen« ihrer ganz besonderen Aufgabe: »Einzig wer die heimische Küste hinter sich lässt und dem Horizont entgegen segelt, wird neue Ufer kennen lernen!« Für das TV-Spektakel »Windstärke 8 – Das Auswandererschiff«, auf den Namen »Bremen« getauft, ist der Dreimaster Mitte Oktober des vergangenen Jahres in See gestochen, zu einer abenteuerlichen Atlantik-Überquerung von Bremerhaven nach New York. Diese Reise, auf der klassischen Route der großen Auswandererfahrten, wird sechs bis acht Wochen dauern – je nach Wetterlage und Strömung.

Solcherart »American Way of Life« ist weit entfernt vom Kreuzfahrt-Feeling. Eine 17-köpfige Besatzung um Hanns Temme, Eigner und Kapitän des Großseglers, und 19 Mitsegler/innen stellen eine Reise aus dem Jahre 1855 nach – auf der nur der Passat und »Käpt'n next good« das Sagen haben. Die »Auswanderer« wurden in einem Casting aus weit mehr als 5 000 Bewerbern ausgesucht. Es sind Singles, Familien und Paare verschiedenen Alters mit den unterschiedlichsten Berufen wie Handwerker, Landwirte, Mediziner und Künstler. Der älteste Teilnehmer ist über 60, der jüngste ein Spross von knapp einem Jahr.

Bis Mitte des 19. Jahrhunderts waren Segelschiffe für Millionen Auswanderer das einzige Verkehrsmittel nach Amerika. Bremerhaven war dabei das Tor zur »Neuen Welt«. Das Geschäft florierte. Über sieben Millionen Menschen brachen alle Brücken hinter sich ab. Viele Emigranten, die auf diese beschwerliche Reise nach Amerika gingen, gaben ihr letztes Erspartes her, um sich dort eine Lebensperspektive in Frieden, Freiheit und nach Möglichkeit in Wohlstand aufzubauen.

Ein WDR- und ARTE-Filmteam begleitet diese Zeitreise und dokumentiert das entbehrungsreiche Unternehmen unter authentischen Bedingungen. Der Traditionssegler wurde extra für diese Produktion ohne Heizung und andere moderne Gegenstände (ausgenommen alle sicherheitsrelevanten Geräte) hergerichtet: keine Dusche, weder fließendes noch warmes Wasser, kein elektrischer Strom, dafür aber ein karger Speiseplan. Schwerwetter und andere Unzulänglichkeiten sind gratis. Es ist ein einfaches Leben auf engstem Raum bei spartanischer Kost, wie eben bei den historischen Auswanderern. Hinzu kommt die unge-

Dreimast-Großtoppsegelschoner »Fridtjof Nansen«

wohnte Herausforderung der offenen See, die die »Neuzeit-Auswanderer« umgibt.

Trotz der Isolation und Askese werden Müßiggang und Geselligkeit nicht zu kurz kommen. Karten spielen und Geschichten erzählen oder an einer Sonntagsmesse teilnehmen, die der Kapitän zelebriert, das hat auf See eine lange Tradition.

Lothar Lorenz, Hanse Sail Magazin, 2005

Auf der Haedgehalbinsel:
Die Sail ist auch abends
ein Freudenfest!

Lohnende Landgänge

Musik, Markt und mehr

Von vielen geliebt, von einigen kritisiert – der Sail-Markt spaltet die Gemüter. Fakt ist, dass er fest zur Hanse Sail gehört. Die Riesenräder im Stadthafen und in Warnemünde prägen das Bild des maritimen Festes. Zu ebener Erde gibt es Naschwerk, Bier, Schmuck, Souvenirs, Autoskooter und Losbuden. Wohl auch der lauteste Gegen-den-Markt-Schreier kauft sich nach stundenlangem Schiffegucken mal ein Fischbrötchen. Und ist dankbar, dass er nicht hungern muss.

Obwohl die Hanse Sail ein Volksfest ist, hat sie doch einen anderen Charakter als beispielsweise das Oktoberfest, wo das kollektive Trinken zentrales Event ist. In Rostock stehen die Schiffe im Mittelpunkt. Doch kann man sie sich ohne Buden vorstellen? Der Markt lockt Besucher an, macht Kinder glücklich und füllt Wartepausen. Rund 500 Schausteller und Händler verdienen am allgemeinen Wohlergehen. Gute 4,5 Kilometer füllt die Großmarkt Rostock GmbH mit Vergnügungsständen.

Ein Kleinod im Trubel ist der Internationale Markt, für den Bettina Fust verantwortlich ist. Hier und auf der dazugehörigen Bühne präsentieren sich europäische Länder und in erster Linie das jeweilige Partnerland der Hanse Sail. Informiert wird über Natur, Kultur und Urlaubsmöglichkeiten. Fernweh erzeugen Stände mit kulinarischen Spezialitäten, landestypischen Produkten und Kunsthandwerk. Auf den Bühnen reicht das Spektrum der Konzerte von traditioneller Folklore bis zum aktuellen Pop-Import.

Selbst gemachte Töpfe, Vasen und Tassen werden auf dem Mittelaltermarkt feilgeboten. Ebenso wie köstliches selbst gebackenes Brot. Kostümierte Schausteller und Händler geben diesem Markt ein urtümliches Flair. Damit es nicht zu idyllisch wird, ziehen lärmende Piraten zwischen den Buden umher.

KULTURFEST HANSE SAIL

»Gelärmt« wird auch im professionellen Sinne. Bis zu zehn Bühnen bereichern das Unterhaltungsprogramm der Sail. In Warnemünde, am Stadthafen und manchmal auch an anderen Orten wie auf dem Universitätsplatz präsentieren sich Rockbands, schunkeln Shantychöre, jubilieren Gesangstalente.

Zum Auftakt der allerersten Hanse Sail musizierte die Norddeutsche Philharmonie auf der Bühne im Barnstorfer

Sebastian Krumbiegel von der Gruppe »Die Prinzen« aus Leipzig genoss den Auftritt im IGA-Park sichtlich.

Wald. Bis heute haben die Organisatoren des maritimen Festes den Anspruch, Qualität und Internationalität in das Kulturprogramm einzubinden. Ein eindrucksvolles Zeichen hierfür wurde 1997 gesetzt, als die »Association of Baltic Academies of Music« – kurz ABAM – die Hanse Sail im Barocksaal beim Universitätsplatz eröffnete. Das internationale Orchester besteht aus jungen Künstlern, die an den Musikakademien des ABAM-Verbundes im Ostseeraum studieren.

Im Jahre 2007 spielte in der Halle 207 der ehemaligen Neptunwerft das »European Union Youth Orchestra« unter der Leitung des britischen Stardirigenten Sir Colin Davis. Die Musiker aus nahezu allen EU-Staaten rissen die 740 Gäste zu Standing Ovations hin. So fand die im Jahr zuvor begonnene Kooperation mit den »Festspielen MV« ihre Fortsetzung. 2006 hatten »Die Prinzen« gemeinsam mit der Norddeutschen Philharmonie unter der Leitung von Peter Leonard 2 400 Menschen im Schmarler IGA-Park begeistert. 2007 und 2008 präsentierte sich hier ein neues Projekt – das »Symphonic Pop Orchestra«. Bestehend aus internationalen Profi-Musikern, zauberte das Team um Dirigent Frank Hollmann Weltmelodien und Filmmusiken für alle Sinne auf die Bühne.

Eine ganze Stadt als Orchester präsentierte Komponist Wolfgang Schmiedt bei den Hafensinfonien 2006 und 2008. Mit dem Stadthafen als Bühne vereinte er Schiffstyphone, Musiker und die Kirchenglocken der Hansestadt Rostock zu einem maritimen Klangerlebnis.

Das ist nicht die Pressesprecherin der Rostocker Feuerwehr!

Bummel über den Markt im
Rostocker Stadthafen

Keine Klassik, dafür aber Klassiker sind die Shantychöre. Rund ein halbes Dutzend Männerchöre stimmen bei jeder Sail Seemanns- und Heimatlieder an. Unter ihnen Gäste aus Deutschland, wie der »Shantychor Bochum« oder der »Münchener Matrosenchor«, und der Welt. Aus Holland reisten »Armstrong's Patent«, aus der Schweiz »Singers Steckborn« an. Treue Rostocker Seelen, wie »Luv un Lee«, die Gruppe »Breitlings« oder »De Klaashahns«, sind natürlich auch vertreten und allesamt gute Freunde der Kulturverantwortlichen Elfy Zentsch.

Auf den großen Bühnen waren auch große Stars zu Gast. In den Kinderjahren der Sail kamen die neun Geschwister der irischen Folkband »Kelly Family«, eine Attraktion für Jung und Alt. Zu den weiteren Highlights zählen die Ostrockbands »Puhdys« (1994) und »City« (1997 und 2005), Peter Schilling (1999 und 2008), die 80er-Jahre-Stars »C.C. Catch« und »Boney M.« (1999), die »Weather Girls« und die »Münchener Freiheit« (2000), »Fury in the Slaughterhouse« (2001), »Torfrock« mit ihrem Hit »Beinhart« (2005), der König von Mallorca Jürgen Drews (2006 und 2008), die Durchstarter »Revolverheld« (2007), die 80er-Hit-Band »Alphaville« (2008) und die deutschen Dauerbrenner »2raumwohnung« (2009). Für Schlagerfans sangen unter anderem Wolfgang Ziegler (2000), Frank Schöbel (2002) sowie Petra Zieger und Band (2003) ihre Hits.

Neben den »Großen« brachten auch die »Kleinen« die Luft vor den Bühnen zum Brennen. Allen voran die Ros-

Keine Hanse Sail ohne Shantychöre – »De Klaashahns« aus Rostock sind Stammgäste.

Inga Humpe von 2raumwohnung auf der NDR-Bühne

Ausstellung auf dem Betonschiff

tocker Bands »The Crazy Boys«, »Five Man on the Rocks« und »Breaker«. Mit ihrer wilden Liveshow begeisterten wiederholt die Leipziger »The Firebirds«. Aber auch die »Foolproof Band«, »Irish Coffee« oder die »Breitling Stompers« sind gern gesehen und gehört. Echte Lokalhelden bespielen seit 2004 unter dem Motto »Rocken und Poppen« die Bühne des Rostocker Lokalradios lohro. Für Fans alternativer Musik traten hier Szenestars wie »The Tarantinos«, »Klee« oder »Tricky Lobsters« auf.

Die Qualität im Kulturbereich aufrechtzuerhalten ist nicht leicht und in einigen Jahren besser, in anderen weniger gut gelungen. Immer geringere Zuschüsse und daraus resultierende Sparmaßnahmen erschweren das Unterfangen. Doch die Hanse Sail behält stets ihren Anspruch, auch ein Kulturfest zu sein.

KIRCHEN, KUNST UND KONFERENZEN

Während der Hanse Sail ist nicht nur am Wasser etwas los, die Aktionen erstrecken sich auf das gesamte Stadtgebiet. Museen, Galerien und andere Orte zeigen Ausstellungen mit maritimer Ausrichtung. »Menschen und Meer« hieß das Thema einer Ausstellungsreihe, die in den Anfangsjahren der Sail in mehreren Rostocker Museen zu sehen war. Zu ihnen gehörten das Schifffahrtsmuseum mit dem Traditionsschiff, die Kunsthalle, das Kulturhistorische Museum und das Heimatmuseum Warnemünde. Seit einiger Zeit zeigt die Societät Rostock maritim im ehemaligen Schiff-

Genuss auch fürs Auge: Tanzeinlage im Programm der IGA-Park-Bühne in Schmarl 2008

fahrtsmuseum in der August-Bebel-Straße maritime Ausstellungen – nicht nur während der Sail-Tage.

Kulturgeschichtliche und naturwissenschaftliche Themen wie »Strandfloh & Co« 1998 auf dem Jugendschiff im Stadthafen oder eine Dokumentation des Nachbaus der »Hiorten« 1999 auf dem Betonschiff »Capella« auf Höhe des historischen Hafenkrans haben ebenfalls ihren festen Platz im Sail-Programm. Im Baltic Point in Warnemünde stellte 2005 der russische Marinemaler Tron aus. »Windjammer aus den Häfen der Welt« zeigten 2003 die Fotografien von Herbert Böhm aus Hamburg in der Kleinen Galerie im Hafenhaus. Auch Künstler der Region nutzen die Plattform, welche die Hanse Sail bietet. 1997 zog die Ausstellung Rostocker Künstler, darunter der Maler Karl-Heinz Kuhn, der Grafiker Armin Münch und der Grafikdesigner Jochen Bertholdt, 11 000 Gäste auf das Betonschiff.

Zum Mitmachen sind die Gäste der Hanse Sail eigentlich immer aufgerufen. Für die Ausstellung »Sail-Impressionen« im Rostocker Hof reichten jährlich rund 100 Fotografen ihre Bilder ein. Und den Stift schwangen Rostocker Schüler. Unter dem Motto »Meine Heimatstadt – Segelfaszination« malten Jugendliche die Sail. Ihre Bilder wurden auf dem Jugendschiff ausgestellt.

Stille nach dem Trubel der Sail bietet seit 2005 die »Nacht der Kirchen«. Bei Gesang und Bibelzitaten laden die Gemeinden in der Innenstadt und in Warnemünde am Sail-Freitag zur Besinnung.

Piraten auf der Sail: Zum Glück nur eine Show

Doch das jährliche Rostocker Schiffstreffen ist auch ein Ort der Wirtschaft und Wissenschaft. Bei Konferenzen wie dem »Hanse Sail Businessforum« der Industrie und Handelskammer Rostock, dem »Maritimen Sicherheitskolloquium« der Karl-Theodor-Molinari-Stiftung oder dem »Ostseeforum« der Herder-Gesellschaft Mecklenburg-Vorpommern wird über wichtige Themen diskutiert. Wissenschaft zum Anfassen bietet die Aktion »Science@Sail« der Universität Rostock. Lebendige Vorträge und Stationen zum Selbsterleben machen seit 2005 auch schwer zugängliche Themen für ein breites Publikum attraktiv und verständlich.

Ein Rückblick »unters Sofa« des maritimen Festes

Zweihundertfünfzig teilnehmende Schiffe, über eine Million Besucher, mehr als 30 000 Mitsegler. Die Zahlen sind beeindruckend, die Bilder waren wieder faszinierend, die Eindrücke bleibend. Die Schlagzeilen gingen durch ganz Deutschland. Und so hätte ich mit meinen alternativen Schlagzeilen, wie z. B. »Die Hanse Sail war ein voller Erfolg. Der Toilettenservice klappte einwandfrei« wahrscheinlich wenig Chancen gehabt, auf den vorderen Seiten der Tageszeitungen platziert zu werden. Aber das ist doch der Rede wert, dass eine Million Menschen nicht krampfhaft nach einem Örtchen suchen müssen oder, wenn sie es gefunden haben, gleich rückwärts wieder rausgehen.

Eine Million Menschen machen auch zu einem solch schönen Fest das, was sie sonst auch machen. Nur wahrscheinlich etwas intensiver. Sie müssen aufs Klo, fahren Auto und wollen möglichst nah am Veranstaltungsgelände parken. Und sie produzieren Müll. Und wenn das alles nicht funktioniert, braucht es schon sehr viel Toleranz, um das Fest schön zu finden.

Bleiben wir beim Parken. Immerhin bewegten sich allein innerhalb des Stadthafens zur Sail über 1 000 Fahrzeuge, die zu den Ständen der Händler, zu den Fahrgeschäften, zu den Bühnen, zu den Schiffen wollten. Das ging alles und zwar mit einer Kaution für die Zeit eines Ent- oder Beladevorgangs oder mit einem Parkschein für die wenigen Parkflächen. Es gab Hunderte von Versprechungen, Liebesschwüre oder auch Drohungen, um die eine oder andere Kaution zu umgehen oder einen zusätzlichen Parkschein zu erheischen. Ein staubiger Job für junge Leute mit starken Nerven: Insgesamt 35 Helfer organisierten in der Regie von Betriebswirtschaftsstudentin Annika Methling (25), die das »Parkgeschäft« schon seit einigen Jahren managt, gemeinsam mit der Firma ExSiRo an allen Schauplätzen der Sail das Parken. Die positive Bilanz, die zugleich eine Schlagzeile wert wäre: Alle Sail-Besucher, die mit dem PKW anreisten, fanden in der Nähe des Stadthafens einen Parkplatz. Kann man mit Müll Schlagzeilen produzieren? Sicher, z. B. wenn er überquillt: »Volksfest erstickt im Müll«. Versuchen wir es einmal andersrum.

Großen Volksfesten geht es nach langen Nächten wie den Menschen … Sie sehen am anderen Morgen nicht so richtig gut aus. Oder wie bei Hempels unterm Sofa. Wer zur Hanse Sail gegen acht Uhr auf den Flaniermeilen im Stadthafen und in Warnemünde unterwegs war, staunte, dass keine Müllspuren auf die vergangene Festnacht hindeuteten und die ersten Mitsegler sauberen Fußes an Bord gehen konnten. Verantwortlich für diesen sauberen Morgenstart ist seit einigen Jahren Reinhardt Brodt mit seinen Mitarbeitern von der Stadtentsorgung Rostock. Als die letzten Sail-Besucher nach Hause zogen, waren ab 3 Uhr vier große und vier kleine Kehrmaschinen und ca. 30 Frauen und Männer unterwegs. Insgesamt sammelten sie an den vier Sail-Tagen knapp 100 t Müll ein. Während so mancher Sail-Besucher sich am Morgen im Spiegel nur mit Mühe selbst erkannte, hatte das Team um Reinhard Brodt bereits eine wichtige Tat für den Sail-Tag vollbracht. Die Qualität eines Festes zeigt sich eben auch am frühen Morgen. Und an den nicht gedruckten Schlagzeilen.

Franz Gutmann, WasserSpiegel, September 2004

Marktnotizen. ***Auf rund 100 000 m² führt die Großmarkt Rostock GmbH seit 1992 Regie für die Schausteller- und Marktmeilen der Sail. Rund 1 000 Karussell-Unternehmen und Markthändler aus mehr als einem Dutzend Nationen haben sich in dieser Zeit über »Riesenwellen« im wogenden Besuchermeer gefreut. Das größte Fahrgeschäft, das jemals zur Sail Mutige einlud, war die »Super 8« – »Die wilden 50er Jahre«, eine Achterbahn der Extraklasse aus Hannover. Die größten Höhen erreichte man mit 60 m in Katapultgeschwindigkeit im »Fling Shot« aus Österreich. Würde man sich alle Bratwürste, Steaks, Fischbrötchen oder Bierfässer, die bislang verputzt oder ausgepichelt wurden, als Güterzug vorstellen, so hätte dieser über 50 Waggons.***

Kurioses

Merkwürdiges und des Merkens Würdiges bekommt der Gast zu sehen, schreitet er die Hanse-Sail-Flaniermeile im Stadthafen ab. Da werkelt ein Mann namens Manfred Martin mit der Kettensäge und langsam entsteht vor den Augen der Interessenten ein Motorrad aus Pappelholz. Etwas weiter bekommt Helge Roland aus Leipzig eine Perle in den Bauchnabel gepierct. Und weil wir gerade dabei sind, schauen wir zu, wie der verlängerte Rücken von Elke Hobaldt aus Sömmerda mit orientalischer Malerei verschönert wird. Das wäre eigentlich ein Gläschen Gewürztraminer wert. Doch wir sind im Dienst, so dass der Wein mit Rosen- und Litschiduft aus Südtirol stehen gelassen werden muss. Stattdessen blättern wir in den »Zehn Schritten zur Unsterblichkeit«, einem Buch von Dr. Margarethe Alram mit Hinweisen zur Verlängerung des Lebens. Hätte der Gewürztraminer dabei helfen können? Oder kann uns der Handliniendeuter zwei Büdchen weiter voranbringen? Vielleicht die Zauberlichter? Oder gar die Antwort auf die Frage: Was geschah am Tag Ihrer Geburt? Angesichts des Wetters entschließen wir uns aus Sorge um die Unsterblichkeit, einen Regenschirm zu kaufen.Wir hätten aber auch zwei Uhren zu 30 Mark oder einen Taucherhelm zu 650 Mark, ein multilinguales Wörterbuch, Reiserbesen, Bratpfannen oder Vornamenstempel erstehen können. Neben allerlei Nützlichkeiten hat die Hanse Sail eben auch Kuriosa unterschiedlichster Art zu bieten.

Bulletin Hanse Sail, 2001

Qual der Wahl:
Segeltörn mit der »Baltic Beauty«, »Open Ship« bei der Marine oder Riesenrad fahren?

Keine Galionsfigur, sondern
ein Schiffshandwerker

Die Nixe der »Thalassa« – Galionsfiguren sind echte Blickfänger.

Freundliche Begegnung
auf der Warnow

Ein Quell immer neuer Ideen

Projekte rund um die Sail

An Ideen hat es im Büro Hanse Sail und im Verein noch nie gemangelt. Aus dem Samen zündender Gedanken erwuchs manch prächtige Blume und mitunter auch ein Baum. Einige sind wieder eingegangen, andere haben in der maritimen Landschaft Rostocks feste Wurzeln geschlagen.

Zu den Ideen, die sogar in den Himmel wuchsen, gehört das Seefliegertreffen während der Sail-Tage. Neben Seglern, Eisbrechern, Fähren und Kreuzlinern bieten die »Sailianer« den Rostockern und ihren Gästen auch fliegende Schiffe und schwimmende Flieger.

Ausgangspunkt des regelmäßigen Treffens war die »Seeflug 2001 Warnemünde«, die an Rostocks Zeit als Zentrum des Flugzeugbaus in der ersten Hälfte des 20. Jahrhunderts anknüpfte. Hatte 1926 der 3. Deutsche Seeflugwettbewerb in Warnemünde stattgefunden, gelang mit der nun folgenden Auflage 75 Jahre später ein voller Erfolg – es gab ein Symposium, eine Ausstellung und natürlich Schauflüge der Seeflieger. Zunächst konnte das Treffen im Marinestützpunkt Hohe Düne – dem Originalschauplatz des historischen Seeflugwettbewerbs – stattfinden. Wegen Bauarbeiten am Marinestützpunkt wurde es ab 2003 in den Fracht- und Fischereihafen Marienehe verlegt.

Neben den auf dem Wasser landenden Fliegern verschönerten auch schon Luftschiffe und Heißluftballons den Himmel über dem Sail-Spektakel. Am 9. August 2003 kam es sogar zu einer Kollision. Von einem der beiden beteiligten Luftschiffe wurde die Hülle beschädigt. Es sank so weit ab, dass es fast die Wasseroberfläche der Warnow berührt hätte. Glücklicherweise verlief die Notlandung beim Rathaus aber sicher und kontrolliert.

Unter der Regie von Peter Kumpart trieb das Seefliegertreffen weitere »Blüten«. Es gab Flugmodellschauen, Sprünge von Marinetauchern aus Seaking Hubschraubern in die Warnow oder 2003 eine Vorführung der Kunstfliegerstaffel »Black Birds« aus Neustadt-Glewe. Im Jahr 5 landeten trotz ausnehmend schlechten Wetters 10 von 17 angemeldeten Wasserflugzeugen teilweise spektakulär im Fischereihafen. »Wie in den letzten Jahren eröffnete die rote Cessna 206 von Air Service Berlin den Reigen schon am 10. August und setzte bei böigen Winden mit leichten Sprüngen auf dem Wasser auf«, so beschrieb Peter Kumpart die Eröffnung jenes Treffens unter pechschwarzen Wolken.

Stets vertreten waren die Flieger der Firma Clipper Aviation aus Hamburg. »Wir sind mit unseren Maschinen von Anfang an dabei, uns gefällt es bestens«, erklärte ihr Geschäftsführer Dietmar Knauer 2006. Er hielt der Sail auch 2009 die Treue, als alle anderen Seeflieger abgesagt hatten. Aufgrund der schlechten Wetterbedingungen in den Vorjahren hatten sie zu wenig Rundflüge verkauft, so dass der Anflug der Hanse Sail für sie nicht mehr finanzierbar war. Aber für Clipper Aviation machte sich das Durchhalten bezahlt: Die Plätze auf der startenden »Beaver« waren heiß begehrt und bereits Freitag Vormittag ausverkauft. Ein hoffnungsvolles Zeichen für künftigen Aufwind!

EINE BARK FÜR ROSTOCK

Ein neues Schiff für die Jugend soll her, dachten sich Mitarbeiter des Hanse-Sail-Büros, Mitglieder des Hanse Sail Vereins und andere maritim Begeisterte im Jahr 2002. Kurz zuvor erst hatte die Lübecker Bürgerschaft eine Wiederbelebung der Viermastbark »Passat« abgelehnt, doch in Rostock sollte es Jugendlichen ermöglicht werden, mit Gleichgesinnten Abenteuer an Bord eines Schiffes zu erleben und sich mit der traditionellen Seemannschaft vertraut zu machen. Das Projekt »Passatwind« entstand. 2003 scholl es von allen Decks: »Eine Bark für Rostock soll her!« Mit viel Überzeugungskraft warben die Mitglieder der Fördergemeinschaft »Passatwind sailing

Bereit für die Kletterübung in den Rahen

e.V.« um Sponsorengelder und Unterstützung. Zwei Jahre später wurden zusammen mit der Aker Ostseewerft unter Leitung von Kapitän Reimer Peters baureife Konstruktionsunterlagen erstellt. Nun musste eine Betreibergesellschaft her – ein Partner aus der Wirtschaft wurde gesucht. Doch das erforderliche Anfangskapital konnte nicht eingeworben werden. Noch immer existiert deshalb das wohldurchdachte Schiff mit traditionellem Outfit und moderner Ausrüstung nur in den Köpfen der Enthusiasten. Nicht alle Blütenträume reifen.

Eine Frage des Geldes ist auch die Wiederbelebung der »Undine«. Mithilfe von Sponsorengeldern konnte das

Konstruktionszeichnung der »Passatwind«

Segelolympiasieger von 2020?

Marinepool
Hemingway

älteste erhalten gebliebene Seebäderschiff Deutschlands 2006 immerhin von Rostock bis nach Dresden verschleppt werden. »Lebt denn die alte ›Undine‹ noch?«, fragt so mancher Rostocker seitdem. Ja, sie lebt noch, die Aufbaukosten sind jedoch auf 2,3 Millionen Euro veranschlagt worden. Es werden wohl noch viele Lieder erklingen, bis das 1910 auf der Rostocker Neptunwerft als »Kronprinz« in Dienst gestellte Schiff Mecklenburg-Vorpommern auf maritimen Großveranstaltungen im Bereich von Ost- und Nordsee repräsentieren kann.

FACHLICHER TIEFGANG UND NACHWUCHSPFLEGE

Zu einem regelrechten Baum herangewachsen ist das Projekt »Rostocker Hafenstammtisch«, für das sich Anke Dartsch, die rechte Hand von Holger Bellgardt, stark engagiert. Im Jahre 1993 wurde die maritime Gesprächsrunde vom Verein der Kapitäne und Schiffsoffiziere und dem Büro Hanse Sail ins Leben gerufen. Im Port Center, im Baltic Point, auf der Blauen Flotte und später im neu eröffneten Pier 7 wird am dritten Dienstag des Monats öffentlich mit Gesprächspartnern aus der maritimen Wirtschaft, dem See- und Fährverkehr, der Hafenwirtschaft oder aus der Kultur- und Tourismusbranche Mecklenburg-Vorpom-

2009 feierten drei norddeutsche Hansestädte einen vor 750 Jahren besiegelten Schutzbund.

***Diplomatisches.** Die Sail kann über fehlende politische Zuneigung nicht klagen. Oberbürgermeister, Ministerpräsidenten, Bundesminister, Kanzler und nicht zuletzt ein Bundespräsident sandten schon Grußworte oder waren selbst vor Ort. Der Journalist Lothar Lentz bittet als »Sail-Diplomat« Jahr für Jahr um Grußworte aus den Partnerländern. Ein besonders schönes kam 2007 von der schwedischen Botschafterin Ruth Jacoby, die als Kind davon träumte zur See zu fahren. Über Bilder von der Sail schrieb sie: »Eine Augenweide. Und wieder erwacht die Seefahrerin in mir zu neuem Leben!«*

merns und des Ostseeraums diskutiert. Das Mikro in der Hand hat dabei der Journalist und Stammtischmoderator Horst Marx. Er zählt zur Erstbesatzung: Von Anfang an hält er der maritimen Talkrunde die Treue. In den ersten Jahren wurde er von Jochen Wilcken begleitet. Danach waren Hansjörg Kunze, lange Zeit Chefreporter bei Antenne Mecklenburg-Vorpommern, und die Journalistin Regina Rösler an seiner Seite. Claus Hädrich führte lange Regie. Weit über 600 Gesprächspartner nahmen bereits im Podium Platz, darunter bekannte Politiker oder auch Abenteurer wie Arved Fuchs und Axel Brümmer.

Ebenso hölzern wie der Hafenstammtisch ist der historische Hafentretkran im Rostocker Stadthafen. Seit 1997 ziert der Nachbau die Kaikante. Wind und Wetter setzen dem technischen Denkmal allerdings stark zu. Das Büro Hanse Sail initiierte die Sanierung, 2008 leitete Oberbürgermeister Roland Methling mit dem »ersten Nagelschlag« die Reparatur ein. Die Sanierung bildete den Auftakt einer Reihe weiterer Aktionen anlässlich des Jubiläums »750 Jahre Schutzbündnis der Städte Rostock, Lübeck und Wismar«. Während der 19. Hanse Sail übernahm der Tretkran im neuen Gewand eine wichtige Aufgabe. Mit seiner Hilfe wurden je 750 kleine Koggen auf die Schiffe »Wissemara« und »Krig Vig« verladen und mit hansischem Gruß nach Wismar und Lübeck gebracht. Rostocker Schüler und Bürger hatten die Koggen aus einem Bastelbogen des Hanse Sail Magazins gebaut. Das Büro des Projektleiters Wolfgang Müller war von den kleinen Hanseschiffen geradezu überschwemmt worden.

Für den maritimen Nachwuchs gibt es immer wieder neue Ideen. Von 2000 bis 2005 wurde eigens ein Hanse Sail Magazin für Kinder herausgegeben, durch das der Piratenjunge Christopher führte.

Blick ins Archiv (VII)

Impressionen aus 17 Jahren Rostocker Hafenstammtisch

Der Hafenstammtisch war am 6. Juni 2000 Gast der Landesvertretung Mecklenburg-Vorpommern in Berlin.

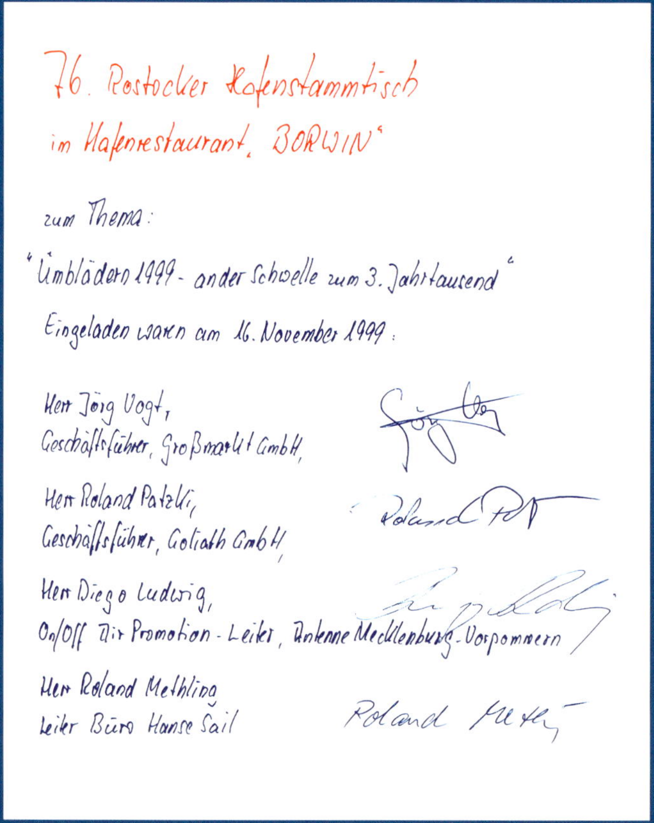

76. Rostocker Hafenstammtisch
im Hafenrestaurant „BORWIN"

zum Thema:

„Umbläden 1999 - an der Schwelle zum 3. Jahrtausend"

Eingeladen waren am 16. November 1999:

Herr Jörg Vogt,
Geschäftsführer, Großmarkt GmbH,

Herr Roland Patzki,
Geschäftsführer, Goliath GmbH,

Herr Diego Ludwig,
On/Off Air Promotion - Leiter, Antenne Mecklenburg-Vorpommern

Herr Roland Methling
Leiter Büro Hanse Sail

Gästebucheinträge zum 76. Stammtisch

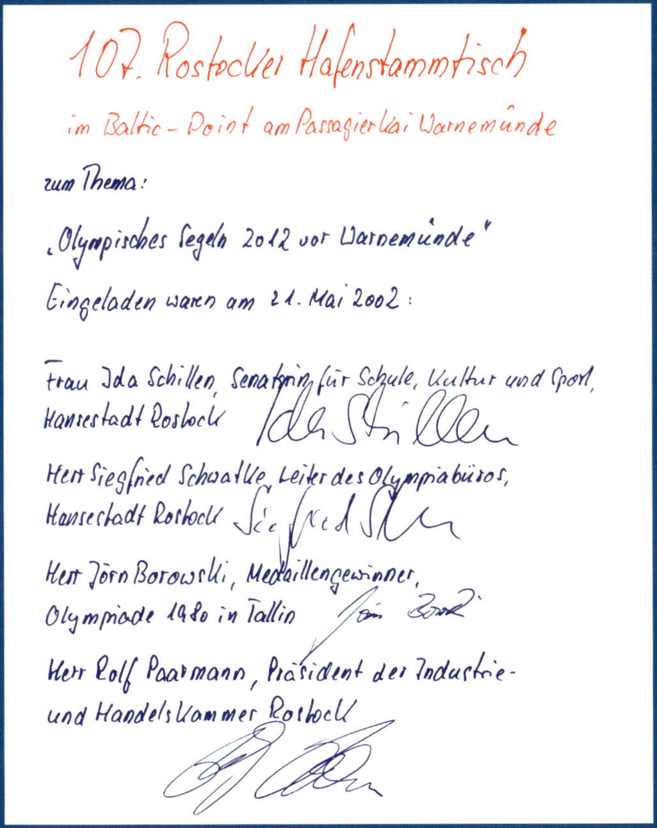

107. Rostocker Hafenstammtisch

im Baltic-Point am Passagierkai Warnemünde

zum Thema:

„Olympisches Segeln 2012 vor Warnemünde"

Eingeladen waren am 21. Mai 2002:

Frau Ida Schillen, Senatorin für Schule, Kultur und Sport, Hansestadt Rostock

Herr Siegfried Schwatke, Leiter des Olympiabüros, Hansestadt Rostock

Herr Jörn Borowski, Medaillengewinner, Olympiade 1980 in Tallin

Herr Rolf Paarmann, Präsident der Industrie- und Handelskammer Rostock

Die 129. Ausgabe am 16. März 2004 stand unter dem Motto »Frauen an der Spitze – engagiert, klug und charmant«.

Gästebucheinträge zum 107. Stammtisch

Die Galionsfigur der »Gorch Fock« hat die Welt gesehen.

GÖTHEBOR

Die Ostsee – das Meer der Traditionssegler

Hanse Sail international

Die durch die Wende möglich gewordene und maritim gelebte Internationalität war von Anfang an Patin der Hanse Sail. Seit 1991 nehmen jährlich Schiffe und Crews aus gut einem Dutzend Länder teil. So kommt Internationalität nach Rostock. Das gehört zum Wesen der Hafenfeste und macht sie attraktiv.

Die Hanse Sail hat sich schon in frühen Jahren nicht mit der Rolle der wartenden Gastgeberin zufriedengegeben. Sie hat sich von Anfang an Partner im Ostseeraum gesucht, um eine Vision anzugehen, die darin bestand, die Ostsee zum Meer der Traditionssegler zu machen. Hier sollen sie Bedingungen finden, die günstig sind für den Erhalt und Fortbestand alter Schiffe. Hierfür braucht es Häfen, die Traditionsseglertreffen organisieren, damit es sich auch für die großen Windjammer lohnt, in den Sommermonaten in das »Baltic Mare« zu kommen bzw. für die russischen, polnischen, dänischen und schwedischen Großsegler, hier zu bleiben. Nicht nur einmal in vier bis fünf Jahren, wie zu den damaligen I.S.T.A.-Regatten, sondern jedes Jahr.

Wo wohl die Rostocker Planke ist?

Von Rostock aus in die Welt

Die Hanse-Sail-Flagge flattert tatsächlich oder symbolisch nicht nur auf der Ostsee, sondern in vielen Häfen und auf den Ozeanen der Welt. Vertreter der Hanse Sail haben die Flagge bis nach New York, in das französische Brest, nach Rotterdam und Venedig oder nach Stockholm getragen.

Der Bau so manch spektakulärer Replik wurde von der Warnow aus nicht nur mit Sympathie verfolgt, sondern auch tatkräftig unterstützt. Auf der »Götheborg«, dem schwedischen Nachbau eines Ostindienfahrers aus dem 18. Jahrhundert, segelt auch eine »Planke« aus Rostock mit, die beim Bau des Schiffes gespendet wurde. Einen weiteren Scheck überreichte Roland Methling, damals Leiter des Sail-Büros, im Beisein des schwedischen Königspaares bei der Taufe des prächtigen Schiffes am 26. September 2004 in Göteborg – verbunden natürlich mit der herzlichen Einladung, Kurs auf die Hanse Sail Rostock zu nehmen.

Die erste Haikutter-Regatta
war eine deutsch-dänische Kooperation.

DIE BALTIC-SAIL-BEWEGUNG

Das schwedische Karlskrona, das dänische Helsingör, das polnische Gdansk und die Hansestadt Rostock riefen gemeinsam die Baltic-Sail-Organisation ins Leben. Im Übrigen kritisch von der I.S.T.A. beäugt, als vermeintliche Konkurrenz zu den eigenen Regatten, die bis dahin einen gewissen Monopolcharakter trugen. Ab 1997 begingen die Gründerstädte jeweils ihre eigenen Hafenfeste. Helsingör ist, bedingt durch Umbauarbeiten im Hafen, inzwischen ausgeschieden. Zwischenzeitlich waren auch Norrköping und Lübeck-Travemünde Mitglieder, gaben aber aus finanziellen Gründen auf.

Heute gehören neben Karlskrona, Gdansk und Rostock die schwedischen Häfen Halmstad und Gävle, das litauische Klaipeda sowie das polnische Swinoujscie und Sassnitz auf Rügen dazu. Die Baltic Sail ist ein Verbund mit eigenen Werbematerialien, und die Flagge mit dem Logo weht nicht nur auf der Ostsee, sondern auch zur Sail Amsterdam oder im französischen Brest.

Vor ihrem Start mit ihren Hafenfesten waren die Sailorganisatoren u. a. aus Klaipeda, Halmstad oder Gävle auf der Hanse Sail und haben moralische und logistische Starthilfe bekommen, so wie umgekehrt die Rostocker sich gern von den Ideen der »Neuen« inspirieren lassen.

Inspiration und Schiffsakquise sind auch die Gründe für den Besuch von Hanse-Sail-Verantwortlichen auf anderen Hafenfesten – nicht nur im Ostseeraum, sondern auch zum Hafengeburtstag in Hamburg, zur Sail Bremerhaven, im niederländischen Delfzijl, in Amsterdam, Brest oder New York.

VON SCHIFFSREPLIKEN UND DER »NEUEN HANSE«

Die Hanse Sail Rostock hat international auch insofern einen guten Namen, als dass sie gemeinsam mit dem Hanse Sail Verein den Erhalt der Traditionsschiffe durch die Organisation von Mitsegeltörns und durch direkte materielle und finanzielle Unterstützung begleitet. Auch wenn diese mitunter nicht groß ist, so zeugt sie doch von großer Sympathie für diejenigen, die die alten Schiffe rekonstruieren oder sogar Repliken bauen. Beispiele hierfür sind die Nachbauten des Ostindienfahrers »Götheborg«, der Brigg »Gerda« mit Heimathafen in Gävle oder die solidarische Hilfe nach einer unverschuldeten Haverie für den Haikutter »Björnsund«.

Zu den Höhepunkten der bisherigen Sail-Geschichte gehört ohne Zweifel der Nachbau der Postyacht »Hiorten«, die als Original im 17. Jahrhundert zwischen Schweden und der Insel Rügen pendelte. Die Replik der »Hiorten« wurde im Marinemuseum in Karlskrona in enger Kooperation mit Rostock gebaut und hatte ihre Jungfernfahrt nach Rostock 1999, wo sie mit einem großen Hafenfest »außer der Reihe« begrüßt wurde.

Erinnerungsplakette der Hiorten-Regatta 2004

Das Organisationsbüro der Hanse Sail kann sich durchaus auf die Fahne schreiben, viel für die Umsetzung des Gedankens der Völkerverbundenheit getan zu haben. Und so ist auch ein international dichtes Netzwerk zu Partnern in nahezu allen großen Hafenstädten und Regionen des Ostseeraums entstanden. Ein Beitrag zu dieser »Neuen Hanse«, die weit über den Ostseeraum hinausgeht, ist die

Das stolze blaue Band der »Mir«, die oft die Schnellste bei Regatten war

Teilnahme Rostocks an den »Hansetagen der Neuzeit«, die durch das Hanse-Sail-Büro organisiert wurde und wird. Start für die Rostocker hierfür war 1996 im norwegischen Bergen. Weitere Treffen waren u.a. im 1000-jährigen Gdansk (1997), in Visby auf der schwedischen Insel Gotland (1998), im niederländischen Zwolle (2000), in Riga (2001), Turku (2004), Osnabrück (2006) oder im russischen Nowgorod (2009). Gemeinsam mit der Hansestadt an der Warnow treten die weiteren Hansestädte in Mecklenburg-Vorpommern – Anklam, Demmin, Greifswald, Stralsund und Wismar – bei den Zusammenkünften auf. Das dann 800-jährige Rostock wird 2018 selbst Gastgeber der »Hansetage der Neuzeit« sein.

Das dichte internationale Netz, das die Hanse Sail seit 1990 gewoben hat, ist zugleich die Basis für Beiträge, die die Ostsee im internationalen touristischen Wettbewerb kräftig aufwerten, indem das reiche historische maritime Erbe auf dem Wasser und an Land aufbereitet und entsprechend präsentiert wird.

ENGAGEMENT FÜR DEN TOURISMUSRAUM OSTSEE

»What happens in the Baltic?« hieß Mitte der 1990er Jahre ein Projekt, das die touristischen und kulturellen Höhepunkte rings um die Ostsee monatlich publizierte. Daraus entstand das EU-Projekt »Baltic City Tourism« mit Partnern in Kalmar, Karlskrona, in Dänemark (Tourismusregi-

Eine Schwester der »Mir« – die polnische »Dar Mlodziezy«

Die »Sedov« am Kai
von Warnemünde

Auch die Fregatte »Shtandart« kann Tempo machen.

on Süd), Gdynia, Vilnius und Tallinn. In dem nachfolgenden Projekt »MariTour« hatten sich unter der Federführung der Hanse Sail Rostock 22 Hafenbetreiber, Veranstalter maritimer Events und Betreiber von Traditionsseglern zusammengeschlossen, um das maritime Tourismuspotential besser auszuschöpfen.

Rostock agiert mit dem Büro Hanse Sail auch in dem aktuellen EU-Projekt »SeaSide« als »Lead Partner« mit Eckhard Landgraf als »Netzwerker«. Gemeinsam mit 13 Partnern aus Schweden, Litauen, Polen und Deutschland geht es darum, das hervorragende Potential an maritimen Kulturgütern, vom Schifffahrtsmuseum über einschlägige Feste bis hin zum traditionellen Schiffsreichtum im südlichen Ostseeraum zu analysieren, miteinander zu verknüpfen und es insbesondere für den Tourismus kräftig zur Wirkung zu bringen.

Rostock ist eine viel beschäftigte Gastgeberstadt und Plattform für internationale Besucher und Freunde. Zunächst zur Hanse Sail mit dem Internationalen Markt, auf dem sich jedes Jahr ein anderes Partnerland aus dem Ostseeraum, das jeweils den Vorsitz im Ostseebeirat hat, präsentiert. Darüber hinaus ist die Hansestadt ein geachteter und beliebter maritimer Konferenzort. Eine viel beachtete internationale Konferenz fand im Oktober 2008 zum Thema »Maritime Traditionen in europäischen Gewässern« statt. Die Teilnehmerliste las sich wie das »Who is who?« der Verwalter und Bewahrer des maritimen historischen Reichtums im nördlichen Europa, von Direktoren der Schifffahrts- und maritimen Museen bis hin zu Pionieren der europäischen Traditionssegelschifffahrt.

Die in den 1990er Jahren bei internationalen Begegnungen oder Konferenzen oft gestellte Frage »Wo liegt eigentlich Rostock?« hört man heute nur noch selten. Und es gibt eine neuartige, nicht geografische Antwort: Bei internationalen maritimen Aktivitäten im Ostseeraum mit an der Spitze.

Partnerländer der Hanse Sail

2004	*Estland*
2005	*Polen*
2006	*Island*
2007	*Schweden*
2008	*Lettland*
2009	*Dänemark*
2010	*Litauen*
2011	*Norwegen*
2012	*Deutschland*
2013	*Russland*
2014	*Finnland*
2015	*Estland*

Blick ins Archiv (VIII)

29. Hansetag der Neuzeit

SEIT 1996 IST DIE HANSE SAIL DABEI

Auch international lebt die Hanse. Und zwar seit 1980, als die niederländische Hansestadt Zwolle den ersten Hansetag der Neuzeit in Anlehnung an die traditionelle Hansefahrt im Mittelalter ausrichtete. In den vergangenen drei Jahrzehnten pendelte die Ausrichtung zwischen West und Ost. Im Mittelpunkt: Die Präsentationen der Gastgeber und Gäste mit Kulinarischem und Kultur im Gepäck, Konferenzen oder einfach nur Feiern und Gesprächen, um sich näher zu kommen. In diesem Jahr fand die 29. Auflage vom 19. bis 21. Juni an der Ostflanke der Hanse, im russischen Welikij Nowgorod, statt. Eingeladen werden jährlich über 170 ehemalige Hansestädte aus 17 Ländern, darunter Großbritannien, Frankreich, Schweden oder Island. Und man staunt bei dieser Liste darüber, welche Städte dabei sind. Unna zum Beispiel in der Nähe des berühmten Autobahnkreuzes oder Quedlinburg an der Hanglage des Harzes. Die Hanse Sail war erstmals 1996 im norwegischen Bergen dabei. Mecklenburg-Vorpommerns Hansestädte Rostock, Wismar, Stralsund, Greifswald, Anklam und Demmin haben sich vor einigen Jahren zusammengetan und präsentieren sich im »Paket«. So auch in Nowgorod.

Es war der 13. Hansetag der Neuzeit für Eckard Niekrentz, der sich im Hanse-Sail-Büro um den Transport, die Logistik und um die Kultur kümmert. Mitunter muss er sich diesbezüglich quälen. Die alten Hanseaten vor 600 Jahren und »Ekki« Niekrentz bewegte zum Beispiel die gleiche Frage: »Wie komme ich von Rostock nach Nowgorod? Und zurück.«

Inzwischen ist er wieder da, den Koffer voller neuer Eindrücke und Fotos. Der Stress ist vergessen, Niekrentz ist begeistert von der neuen Hanse. Und er freut sich auf die 38. Hansetage der Neuzeit, die 2018 in Rostock stattfinden.

kdb, Hanse Sail Magazin, 2009

Gdansk Sail: Ein Vorschuss für Europa

Durchhalten, Andrzej, durchalten!!! Diese Ermunterung möchte man dem Organisator der Gdansk Sail zurufen, wenn man hört oder selbst vor Ort am dritten Augustwochenende erlebt, dass nur wenige, zu wenig Traditionssegelschiffe auf ihrer Baltic-Sail-Route in die größte

Das Krantor zählt zu den Wahrzeichen der Stadt Gdansk.

polnische Hafenstadt kommen. Andrzej Radomski, drahtiger Endvierziger, der im Jahr 2000 mit der Organisation der Cutty Sark Tall Ships' Race sein Meisterstück vorlegte, ist trotz Stress und Zeitmangel immer bereit, z. B. seinen Rostocker Gästen die 1 000-jährige Stadt zu zeigen.

Seine Route führt dabei auch an Stätten vorbei, wo in den schlimmsten Stunden Danzigs »Durchhalten« mit einem bitteren Beigeschmack angesagt war: Zum Beispiel an der Westernplatte, vor der am 1. September 1939 mit einem Kanonenschuss der »Schleswig-Holstein« der Zweite Weltkrieg begann und auf der eine kleine Einheit der polnischen Armee der deutschen Übermacht mehrere Wochen standhielt. Oder an der polnischen Post, berühmt geworden durch Günter Grass' Roman »Die Blechtrommel«, in der sich Postbeamte tagelang verschanzten. Oder an den Ruinen, unmittelbar an der neuen Marina, die Ergebnis von sinnlosen Durchhalteparolen von Nazigrößen im März 1945 in der »Festung Danzig« waren.

Doch zum Glück geht es hier nicht um diese Art von »Durchhalten«. Radomski, der seit 1998 die Gdansk Sail als Ein-Mann-Unternehmen im Auftrag der Stadtverwaltung organisiert, hat mit dem Problem zu kämpfen, dass die Traditionssegler in die Halbmillionenstadt nur dann kommen, wenn sie Geld verdienen. Zum Beispiel durch's Mitsegeln für 40 bis 50 Euro pro Person. Bei einem Durchschnittsgehalt von 250 bis 300 Euro ist es freilich auch für Außenstehende völlig klar, dass ein polnischer Alleinverdiener für seine vierköpfige Familie nicht 80% seines Monatsgehalts für einen Sonntagstörn in der Danziger Bucht ausgeben kann.

Die Summe von 5000 Euro zahlt die Stadtverwaltung Gdansk laut Vertrag in den Marketingtopf der Baltic Sail zunächst bis 2005 – ein Betrag, der hier ein anderes Gewicht als in den deutschen und schwedischen Städten oder im dänischen Helsingör hat.

Durchhalten und weiter mitmachen ist also angesagt, um an einem Projekt teilzuhaben, das man als Vorgriff auf Polens Mitgliedschaft in der Europäische Union interpretieren könnte. Aber was haben alte Segelschiffe mit dem neuen Europa zu tun? Es gibt wichtigere politische und wirtschaftliche Fäden mit dem Westen.

Aber vielleicht sind es die Segelschiffe, die den jahrhundertalten Faden zu den Schwesterstädten Norrköping, Karlskrona, Rostock, Helsingör und Lübeck wieder fester spinnen. Und es ist nicht nur ein Vorschuss auf die europäische Zukunft, sondern auch ein Rückgriff auf die europäische Geschichte. Denn in Gdansk oder Danzig bündeln sich so viele Wechselfälle der europäischen Ost-West-Geschichte – insbesondere auch zwischen Polen und Deutschen – wie wohl in keiner anderen Ostseestadt. Und es waren nicht nur die Kämpfe, sondern Danzig war oft auch eine tolerante europäische Stadt, z. B. offen für Vertriebene, wie für holländische Mennoniten, für Schotten, für Hugenotten und für Juden.

Ein Ergebnis dieser Offenheit ist Danzigs Prachtstraße und Königsweg, die Lange Gasse. Sie ist mit allen Stilepochen der europäischen Architekturgeschichte eines der prächtigsten Ensembles rings um die Ostsee und in Europa. Sie war 1945 völlig zerstört und wurde, wie andere Teile der Stadt auch, bis 1960 wieder original aufgebaut – ein schönes Beispiel für europäisches Bewusstsein und polnisches Durchhaltevermögen.

Für EU-Beitrittskandidaten aus dem europäischen Osten und Südosten werden von Brüssel hohe Maßstäbe aufgestellt. Andererseits wächst Europa zusammen, auch durch Aktionen wie die Baltic Sail, die bisher ohne EU-Programme unbürokratisch funktionieren.

Und so kommt nicht nur die Überzeugung auf, dass Gdansk unbedingt Mitglied der Baltic-Sail-Bewegung bleiben muss – u. a. als Ausgangshafen für Tallinn, Riga oder St. Petersburg, sondern auch die Frage, ob das Durchhaltevermögen von Gdansk nicht durch einen Vorschuss aus Brüssel gestärkt werden sollte. Zum Beispiel, um Traditionssegler für die Gdansk Sail zu finanzieren ...

kdb, Hanse Sail Magazin, 2001

Durch ihre auffälligen grünen Segel hat die »Alexander von Humboldt« einen hohen Bekanntheitsgrad.

Epilog

Die Hanse Sail im Jahre 2018

Wie sieht die Zukunft der Hanse Sail aus? Welcher Kurs ist notwendig, um die Stürme oder Flauten der nächsten Jahre zu überstehen?

Ein Blick zu den Nachbarn gibt Mut: beliebte Feste haben ein langes Leben. Die Hanse Sail ist im Vergleich zu den Klassikern der Branche oder anderen Volksfesten eine junge Veranstaltung. Sie ist gerade erwachsen geworden. Die Kieler Woche existiert seit 1882, die Sail Amsterdam seit 1975, dem 700. Geburtstag der Grachtenstadt, und das weltweit populäre Münchner Oktoberfest auf der Theresienwiese gibt es seit 1810.

Für Rostock steht 2018 Großes ins Haus. Der Leiter des Organisationsbüros, Holger Bellgardt, wagt im Frühjahr 2010 einen Ausblick: »Das 800-jährige Stadtjubiläum ist ein echter Grund zum Feiern. Bereits im Frühsommer ist die Jubiläumsstadt Gastgeberin des Internationalen Hansetages. Das ist auch ein Fest der Rückbesinnung auf gute, hansische Traditionen der Völker Europas. Mehr als 100 Hansestädte präsentieren sich im Rostocker Stadthafen auf einem großen, bunten Hansemarkt. Hanseschiffe, Koggen und Repliken anderer Schiffe des Mittelalters werden Handelswaren anliefern. Sie sind die Hauptakteure einer ›kleinen, stillen Sail‹. Im Mittelpunkt aber steht die Bark ›Rostock‹, die aus Anlass des Stadtjubiläums gebaut wurde. Die ›Rostock‹ wird zur Hanse Sail im August eine Armada von 800 kleinen und großen Segelschiffen, Optis, Sportbooten, Yachten, Kuttern, Schonern, Ketschen, Barken und Vollschiffen aus Europa und Übersee vor Warnemünde in Empfang nehmen und in die Rostocker Häfen geleiten. Mal sehen, ob das alles Wirklichkeit werden kann.«

Ist bei der Bark »Rostock« der Wunsch der Vater des Gedankens? Zum Zeitpunkt des Erscheinens dieses »Logbuchs« sieht es mit dem Bau neuer Handelsschiffe, aber auch von Großseglern schlecht aus – sowohl in Bremerhaven, wo die Nachfolgerin der »Alexander von Humboldt«, die »Alex II«, auf dem Reißbrett bereits existiert, als auch in Rostock, wo die Konstruktionsunterlagen für eine Rostocker Bark mit dem schönen Projektnamen »Passatwind« in der Schublade bzw. auf der Festplatte liegen.

Natürlich hängt die Zukunft der Hanse Sail nicht in erster Linie von neuen Großseglern ab. Windjammer und Schoner haben dank der Liebe und Leidenschaft für die alten Wasserfahrzeuge eine überdurchschnittlich hohe

Lebenserwartung. Die ältesten Schiffe, die zur Sail kommen, sind weit über 100 Jahre alt und waren Zeitgenossen von Kaiser Wilhelm II. Aber sie segeln natürlich nicht ewig. Neubauten oder Repliken sind deshalb wichtige Signale dafür, dass die Traditionssegelschifffahrt lebt und eine Zukunft hat.

Und es gibt sie, die neuen Großsegler oder die Repliken, wie z. B. die Brigg »Gerda« oder die »Götheborg« aus Schweden. In den Niederlanden bauen zwei junge und mutige Familien aus Kempten den »Gulden Leeuw«, einen 70 Meter langen Dreimast-Toppsegelschoner, und haben die Rostocker Sail in ihrem Törnplan für die nächsten Jahre fest eingeplant.

Ebenfalls in den Niederlanden gibt es eine Reederei, die wie zu Hansezeiten Güter auf Frachtseglern transportiert. In der Ära des Klimawandels ist das nicht nur ein historisches Zitat, sondern der Wind als nachhaltige und nicht versiegende Energiequelle spielt in der Schifffahrt durchaus wieder eine Rolle.

Darüber hinaus gibt es in Europa und weltweit noch viele Schiffe, die auf der Wunschliste der Sail-Organisatoren stehen: Das italienische Schulschiff »Amerigo Vespucci«, die »Gorch Fock I«, die noch am Ausrüstungskai in Stralsund liegt, oder die Viermastbark »Nippon Maru II« aus Japan gehören dazu.

Die Hauptattraktion der Hanse Sail scheint auf Jahre hinaus gesichert: die Präsentation eines mehr als 500-jährigen Spektrums der Schiffbau- und Schifffahrtsgeschichte, von den Koggenrepliken der Hansezeit über die Haikutter und Windjammer der 1920er Jahre bis zu den Schiffen des neuen Jahrtausends.

Wenn, ja wenn da nicht die EU-Bürokratie wäre, die den Traditionsschiffen und den Hafenfesten das Wasser abgraben könnte. Alte Schiffe und neue Vorschriften ... Wie gehen wir damit um? »Will man heute ein Traditionsschiff betreiben, mit mehr als zwölf Passagieren an Bord unterwegs sein und Geld für den Erhalt und den Betrieb des Schiffes einfahren«, erläutert Hanse-Sail-Chef Holger Bellgardt, »unterliegt man eigentlich IMO- (International Maritime Organization) und SOLAS-Regeln (International Convention for the Safety of Life at Sea) für die Passagierschifffahrt, kann diese aber aufgrund der technischen Gegebenheiten an Bord teilweise gar nicht erfüllen.«

Wie es mit den Alten so ist, jedes Schiff hat sein eigenes Gesicht und ist geprägt von Narben und Macken bzw. der einen oder anderen Geh-, sprich Segelhilfe. Sie entsprechen oft nicht den neuzeitlichen EU-Vorstellungen von einem Passagierschiff, weil zum Beispiel beim Sprung der Oldtimer von der Verschrottungsschippe vor 40 oder 50 Jahren diese Vorschriften noch nicht galten oder ihre Realisierung aus Zeit- und Geldmangel utopisch war.

Der Verbund »European Maritime Heritage« (EMH) sucht gemeinsam mit vielen Partnern und den Gesetzgebern einen Kompromiss, um die Zukunft der alten Schiffe zu garantieren. Die Skipper und Eigner haben ihrerseits erstmals auf der 19. Hanse Sail 2009 Flagge gezeigt. Mit

Der Start zu Windjammerregatten ist immer ein spannender Augenblick.

der »Black Flag«, einer schwarzen Flagge mit weißem Fragezeichen, haben sie auf die Gefahr aufmerksam gemacht, dass durch bürokratische, undifferenzierte Regelungen die Traditionsschifffahrt und damit die Hafenfeste durchaus aussterben könnten.

Hier wird es eine Lösung geben. Die Tradition ist stärker als die Bürokratie!

Das genannte Beispiel zeigt überdeutlich, dass die Hanse Sail Rostock kein Selbstläufer ist. Die Organisatoren und vielen ehrenamtlichen Helfer stehen auch in Anbetracht der inflationären Entwicklung von Sommer-Events jedes Jahr vor der Herausforderung, an der Attraktivität des Festes zu feilen, sie auszubauen und immer wieder neue passende Bausteine zu integrieren. Beispiele sind das 1. Seefliegertreffen 2001, die Einrichtung des Segelstadions im Stadthafen oder die Haikutter-Regatta von Nysted in Dänemark 2009 nach Rostock. Neun von zehn Besuchern, das ergeben die jährlichen Umfragen für die selbst gewählte »Qualitätskontrolle« des Sail-Büros, gefällt die Sail sehr gut bzw. gut. Das ist eine auch im internationalen Vergleich sehr gute Quote und ein hoher Anspruch für die Zukunft.

Die Hanse Sail ist schließlich auch in jenem Sinn eine offene Veranstaltung, dass von außen jedes Jahr eine Menge Ideen an die Organisatoren herangetragen werden. So wird es auf dem Weg zur 28. Sail noch Überraschungen geben: In der Luft mit Heißluftballons und Zeppelinen, auf oder unter Wasser mit dem legendären Eisbrecher »Krassin« oder einem U-Boot bzw. an Land mit Oldtimern der Straße und der Schiene. Gesucht wird nach wie vor eine nachhaltige Lösung, die Innenstadt stärker in das Fest einzubauen, z.B. mit einem »Amphibienbus«, der zwischen Warnow und Zentrum pendelt.

Der langjährige Leiter des Hanse-Sail-Büros Roland Methling, er ist seit 2005 Oberbürgermeister der Hansestadt Rostock, blickt zuversichtlich auf 2018 und darüber hinaus:

»Mein Optimismus basiert auf mehreren Säulen. Zum einen ist das der faszinierende Gegenstand der Hanse Sail, die Traditionssegler und Museumsschiffe. Ihre Renaissance seit Mitte des 20. Jahrhunderts hat sicher auch etwas mit Nostalgie und Romantik zu tun, liegt aber auch darin begründet, dass hier ein Zusammenwirken von Menschen auf See oder beim Erhalt der alten Schiffe praktiziert wird, das es in unserer von Computern, Anonymität und Isolation geprägten Welt unbedingt zu bewahren gilt. Wir nutzen mit der Hanse und Baltic Sail den Wind in seiner schönsten Form!

Mit Hanse-Sail-Büro und Verein, einem dichten Netzwerk an Partnern und einem außergewöhnlichen Engagement der Rostocker, das nun schon an die nächste Generation weitergegeben wird, gibt es einen wunderbaren Rahmen, dessen Installation bei ähnlichen Versuchen an der Ostsee und anderen Meeren nicht immer gelingt. Dieses Glück, und es ist natürlich auch ein ›Glück der Tüchtigen‹, sollten wir immer im Auge behalten und nicht kurzfristigen Zwängen oder egoistischen Gruppeninteressen opfern.

Die niederländische »Morgenster« mit »Black Flag« – Wie geht es mit den alten Seglern weiter?

Ein Original der Sail: Victor Gottlov, Kapitän der »Baltic Beauty«.

Bis 2018 lässt sich unter dem Organisationsdach der Hanse Sail vieles auf den Weg bringen, um die maritimen Traditionen Rostocks zeitgemäß zu präsentieren, wie z.B. ein komplexes, auch international attraktives Schifffahrtsmuseum Ostsee. Und wir haben natürlich gleichzeitig unsere ›Außenpolitik‹ im Blick: Zum Stadtjubiläum der Hansestadt Rostock wollen wir alle traditionellen Segelschiffe der Welt einladen. Auch aus den USA, Asien oder Südamerika.«

Wir haben es selbst in der Hand, auch wenn nicht alle Wünsche aufgehen. Vor einigen Jahren wurde im deutschen Feuilleton ein Disput unter der Überschrift »Brauchen wir eine neue Bürgerlichkeit?« geführt. Die Hanse Sail lebt dies bereits mit selbstlosem Einsatz, hohem Engagement für eine lohnenswerte Sache und Solidarität von Anfang an.

Alte Losungen der Bürgerlichkeit aus den Zeiten der Stapelläufe der Schiffe aus dem letzten Drittel des 19. Jahrhunderts, die kontinuierlich die Hanse Sail besuchen, können durchaus über dem maritimen Fest an der Warnow stehen: »Einigkeit macht stark« und »Gemeinnutz geht vor Eigennutz«.

Es sind Losungen für die Zukunft!

Rostock, 15. März 2010
Klaus-Dieter Block & Annika Schulze

Das Akkordeon ist auch ein Seglerklavier.

Ein Blick in das maritime Gästebuch der Sail

Von der Kogge bis zum Kreuzliner

Von 1991 bis 2009 waren rund 1 050 offizielle Teilnehmerschiffe bei der Hanse Sail dabei. Insgesamt gab es etwa 3 700 Anläufe; darunter zahlreiche treue Gäste, wie die »Greif« und die »Stettin«, die Rostock jedes Jahr ansteuerten. Die teilnehmerstärksten Jahre waren 2003 und 2006 mit je 313 angemeldeten Schiffen.
Eine vollständige Liste aller Schiffe, die jemals an der Sail teilgenommen haben, würde den Rahmen dieses Buches sprengen. Die folgende Auswahl von Schiffstypen soll das maritime Spektrum der Veranstaltung deutlich machen. Interessierte Leser finden auf der Internetseite www.hanse-sail.com eine Aufzählung aller Hanse-Sail-Gäste mit Typenbezeichnung, Baujahr und Flaggenland sowie eine kleine Schiffstypenkunde. Von einem vollständigen Register ist auch dieses Dokument allerdings noch weit entfernt, weswegen sich die Autoren und der Verlag über Hinweise und Ergänzungen freuen.

Abendstimmung
am Rostocker Stadthafen

GROSSE »ALTE« (WINDJAMMER BIS 1945)

Name	Schiffstyp	Flagge	Baujahr
STATSRAAD LEHMKUHL	Dreimastbark	NOR	1914
SEDOV	Viermastbark	RUS	1921
KRUZENSHTERN	Viermastbark	RUS	1926
SÖRLANDET	Vollschiff	NOR	1927
TOWARISCHTSCH	Dreimastbark	UA	1933
CHRISTIAN RADICH	Vollschiff	NOR	1937
MIRCEA	Bark	ROM	1938

GROSSE »NEUE« (WINDJAMMER AB 1945)

Name	Schiffstyp	Flagge	Baujahr
DAR MLODZIEZY	Vollschiff	PL	1982
LORD NELSON	Dreimastbark	UK	1986
MIR	Vollschiff	RUS	1987
KHERSONES	Vollschiff	UA	1989
FRYDERYK CHOPIN	Brigg	PL	1991
STAD AMSTERDAM	Clipper	NL	2000

GANZ »ALTE« AUS DEM 19. JAHRHUNDERT

Name	Schiffstyp	Flagge	Baujahr
VALDIVIA	Gaffelschoner	D	1868
NORDEN	Gaffelkutter	D	1870
VIDAR	Dreimast-gaffelschoner	M	1877
FRIDTHJOF	Galeasse	D	1881
STÖRTEBEKER	Barkentine	D	1885
SARPEN	Galeasse	S	1892

WIEDERAUFERSTANDENE – RENAISSANCE DES SEGELSCHIFFBAUS

Name	Schiffstyp	Flagge	Baujahr
SUNTHORICE	Dreimastschoner	D	1902/2000
STELLA MARIS	Gaffelkutter	NL	1914/1993
VICTOR JARA	Gaffelschoner	D	1917/1989
BALTIC BEAUTY	Brigantine	S	1926/1980
ARTEMIS	Dreimastbark	NL	1926/2000
MERCEDES	Brigg	NL	1958/2005
J.R.TOLKIEN	Toppsegel-schoner	NL	1964/1998

DIE DEUTSCHE TRADITIONSSEGLERFLOTTE

Name	Schiffstyp	Flagge	Baujahr
ATALANTA	Schoner	D	1901
ALEXANDER VON HUMBOLDT	Bark	D	1906/1988
FRIDTJOF NANSEN	Dreimasttopp-segelschoner	D	1919/1992
GREIF	Schonerbrigg	D	1951
ROALD AMUNDSEN	Brigg	D	1952/1993
GORCH FOCK	Dreimastbark	D	1958

SEGLER AUS DEM OSTSEERAUM

Name	Schiffstyp	Flagge	Baujahr
SARPEN	Galeasse	S	1892
ARON	Schoner	DK	1906
GENERAL ZARUSKI	Gaffelketsch	PL	1939
BRABANDER	Gaffeltopp-segelschoner	LT	1977
LINDEN	Dreimastschoner	FIN	1993
ALEVTINA & TUY	Toppsegel-schoner	RUS	1995
DEODOR	Gaffelketsch	S	1911
ESTELLE	Dreimastschoner	FIN	1922
YUKON	Haikutter	DK	1930
YUNYI BALTIETS	Zweimast-schoner	RUS	1989

Die 1994 neu gebaute niederländische »Aphrodite« (rechts) ist eine Brigg.

DIE »SEGELNDEN HOLLÄNDER«

Name	Schiffstyp	Flagge	Baujahr
DE ALBERTHA	Tjalk	NL	1891
FLYING DUTCHMAN	Zweimast-schoner	NL	1903
MINERVA	Dreimast-gaffelschoner	NL	1935
EENDRACHT	Dreimasttopp-gaffelschoner	NL	1989
NORDSTER	Schoner	NL	1992
THALASSA	Barkentine	NL	1994
ANTIGUA	Barkentine	NL	1994
MORGENSTER	Brigg	NL	2008

SEGELSCHIFFE ANDERER MEERE

Name	Schiffstyp	Flagge	Baujahr
VIDAR	Dreimast-gaffelschoner	M	1877
CAPITAN MIRANDA	Dreimastschoner	ROU	1930
LA BELLE POULE	Toppsegel-schoner	F	1932
PALINURO	Barkentine	ITA	1934
EAGLE	Bark	USA	1936
CUAUHTEMOC	Bark	MEX	1982
KALIAKRA	Barkentine	BUL	1984

»Nimm mich mit, Kapitän,
auf die Reise …«

KUTTER UND ZEESBOOTE

Name	Schiffstyp	Flagge	Baujahr
HANSINE	Haikutter	D	1898
INGE	Zeesboot	D	1911
HANNE-MARIE	Haikutter	D	1919
HOFFNUNG	Zeesboot	D	1920
BJÖRNSUND	Haikutter	S	1929
VAGEL GRIP	Kutter	D	1943
UNKEL BRÄSIG	Zeesboot	D	1953

FORSCHUNGSSCHIFFE

Name	Schiffstyp	Flagge	Baujahr
PROFESSOR A. PENCK	Forschungsschiff	D	1951
HUMBOLDT	Forschungsschiff	D	1967
ARCTIC JANUS	Polarschiff	DK	1974
DENEB	Forschungsschiff	D	1994

Die Passagiere von Kreuzlinern, die während der Hanse Sail am Passagierkai festmachen, schauen staunend und überrascht wie von einem Hochhaus auf die vorbeiziehenden Traditionssegler. Und die Mitsegler sind ihrerseits beeindruckt von den Ausmaßen der Schiffsriesen: Zur 19. Sail waren das die »Azamara Journey« (180 m), die »Saga Ruby« (191 m) und die »Prinsendam«(204 m).

EXOTEN UND ABENTEURER

Name	Schiffstyp	Flagge	Baujahr
QUALLE	Griechische Khahik	D	1930
CONDOR	Dschunke	D	1939
ELTRA	Expeditionsschiff	D	1959
KUBLAI'S KAHN II	Dschunkenrigg	D	1960/ 2003
HORIZONS	Expeditionsschiff	D	1986
ABORA II	Schilfboot	D	2001
AL ADIDA	Arabische Dhau	D	2003

REPLIKEN

Name	Schiffstyp	Flagge	Baujahr
KIELER HANSEKOGGE	Kogge	D	1989
UBENA VON BREMEN	Kogge	D	1991
HANSEKOGGE	Kogge	D	1991
HIORTEN	Postsegler	S	1996
KAMPER KOGGE	Kogge	NL	1998
SHTANDART	Fregatte	RUS	1999
ROLAND VON BREMEN	Kogge	D	2000
TVEKAMP AF ELLENBOGEN	Kogge	S	2003
LISA VON LÜBECK	Kraweel	D	2004
WISSEMARA	Kogge	D	2006

SCHIFFE OHNE SEGEL

Name	Schiffstyp	Flagge	Baujahr
FLUTH	Dampfbarkasse	D	1900
FREYA	Historischer Raddampfer	D	1905
SAPPHIRE	Dampfbarkasse	D	1908
STETTIN	Dampfeisbrecher	D	1933
STADT KIEL	Fahrgastschiff	D	1934
WAL	Dampfeisbrecher	D	1938
ELBE 1	Küstenstreifen-boot	D	1965
RIVER STAR	Schaufelrad-dampfer	D	2003
HYDROGRAPH	Salondampfer	NL	1910

ARBEITSSCHIFFE

Name	Schiffstyp	Flagge	Baujahr
SPERBER	Löschboot	RUS	1919
OSKAR	Hafenschlepper	D	1930
BÜRGERMEISTER OSWALD	Feuerschiff	D	1948
MUSCHEL	Hochsee-rettungskreuzer	D	1957
MARXEN	Lotsenboot	D	1957/1997
HAMBURG	Seenotkreuzer	D	1960
SEEADLER	Fischereikon-trollschiff	D	2000
HERMANN MARWEDE	Seenotrettungs-kreuzer	D	2003

DIE »GRAUEN« DER DEUTSCHEN MARINE

Name	Schiffstyp	Flagge	Baujahr
HERMELIN	Schnellboot	D	1982
PUMA	Schnellboot	D	1984
MECKLENBURG-VORPOMMERN	Fregatte	D	1995
SCHLESWIG-HOLSTEIN	Fregatte	D	1996
ZOBEL	Schnellboot	D	2004
BRAUNSCHWEIG	Korvette	D	2007

Länderabkürzungen

BUL	Bulgarien
D	Deutschland
DK	Dänemark
F	Frankreich
FIN	Finnland
ITA	Italien
LT	Litauen
M	Malta
Mex	Mexiko
NL	Niederlande
NOR	Norwegen
PL	Polen
ROM	Rumänien
ROU	Uruguay
RUS	Russland
S	Schweden
UA	Ukraine
UK	United Kingdom

Kleine Sail-Chronik
Premieren und Höhepunkte

1991

- **1. HANSE SAIL VOM 22. BIS 28. JULI**
- Eröffnung durch den Bundesminister für Umwelt, Naturschutz und Reaktorsicherheit Prof. Dr. Klaus Töpfer
- Zur »Uraufführung« kommen u. a. die »Capitan Miranda« (Uruguay), die als erster Großsegler Rostock erreicht, das Schulschiff der Bundesmarine »Gorch Fock«, das ukrainische Vollschiff »Khersones«, die »Greif« und der Dampfeisbrecher »Stettin«.
- Auf der »Capitan Miranda« findet ein Traditionstreffen der Kap-Hoorn-Fahrer Deutschlands statt.
- Eine Postkarte mit Zudruck der Rostocker Stadtdruckerei und dem ersten Sonderstempel zur Hanse Sail 1991 wird zum Grundstein der späteren HansePhil.
- Die Inhaberfamilie der Gaststätte St. Georg, die Familie Seliger, lädt Crewmitglieder ein und begründet damit die seitdem laufende Aktion »Gastliche Mecklenburger«.

1992

- Beginn der Rekonstruktion des Zeesbootes »... un Ick« (Baujahr 1896) im Stadthafen
- Teilnahme der Rostocker Galiot »Concordia« mit sechs Mann Besatzung und Roland Methling an der Operation Sail '92 in New York anlässlich des 500. Jahrestages der Entdeckung Amerikas
- Umzug des Sail-Büros in die »Alte Wache« (Gelbes Haus) im Stadthafen
- **HANSEATISCHE HAFENTAGE VOM 13. BIS 16. AUGUST**
- Böllersalut zur Eröffnung von Matrosen der Marineschule Mürwik in den Originaluniformen der Kaiserlichen Kriegsmarine und nach preußischem Reglement von 1864

1993

- 775. Jubiläum der Hansestadt Rostock
- Einstellung des Güterumschlags im Stadthafen
- Wiederbelebung des Rostocker Hafenstammtischs mit einer mehr als 60-jährigen Tradition durch das Büro Hanse Sail und den Verein der Kapitäne und Schiffsoffiziere e.V.
- **HANSEATISCHE HAFENTAGE VOM 12. BIS 15. AUGUST**
- Großes Treffen von über 40 Fahrtenseglern aus Dänemark, Estland und Deutschland

- Erste Regatta der Rahsegler und Schoner am Sail-Samstag vor Warnemünde

1994

- Gründung des Hanse Sail Vereins zur Förderung traditioneller Schifffahrt in der Ostsee e.V.
- Die erste Rad-Tour »Sonnenschein« zur Unterstützung krebskranker Kinder geht im Juni von Schwerin nach Rostock. Der Zieleinlauf ist heute fester Bestandteil der Sail.
- **HANSEATISCHE HAFENTAGE VOM 11. BIS 14. AUGUST**
- Die »Kelly-Family« kommt mit einem eigenen Segler, der »Santa Barbara Anna«, nach Rostock.
- Bühnenauftritt der »Puhdys«

1995

- Zeesboot »... un Ick« wird feierlich zu Wasser gelassen.
- Am 24. Juni erreicht symbolisch der Stadtgründer Borwin, über die Ostsee kommend, Warnemünde. Rostock feiert sein 777. Gründungsjubiläum.
- **5. HANSE SAIL VOM 10. BIS 13. AUGUST**
- Unter den neuen Gästen sind die Barkentinen »Lilly Marleen« und »Mary-Anne«.

1996

- Erste Beteiligung Rostocks und des Sail-Büros an den »Hansetagen der Neuzeit« im norwegischen Bergen
- **6. HANSE SAIL VOM 4. BIS 10. JULI**
- Eröffnung durch den Bundespräsidenten Roman Herzog
- Die International Sail Training Association startet die »Cutty Sark Tall Ships' Races« in Rostock. St. Petersburg, Turku und Kopenhagen sind die weiteren Häfen.
- Der Begriff »Baltic Sail« wird eingeführt.
- 125 Gruppen und Bands aus 13 Ländern mit ca. 2 100 Künstlern treten während der Sail-Tage auf.
- Der Streckenfunk geht erstmals auf Sendung.

1997

- Ankunft der »Khersones« nach einer Kap-Hoorn-Umseglung in Rostock.
- Feierliche Übergabe der Replik eines Holzkrans aus der Zeit um 1800 im Stadthafen
- Erstes Hanse Sail Magazin aktuell
- **7. HANSE SAIL VOM 7. BIS 10. AUGUST**
- Erste Baltic Sail mit den Gründungshäfen Karlskrona, Rostock, Helsingör und Gdansk
- Start der ersten »Hiorten«-Regatta über 180 Seemeilen von Karlskrona nach Rostock
- Erstes ABAM-Konzert (Association of Baltic Academies of Music) auf Initiative der Hansestädte Rostock und Wismar, gemeinsam mit der Hochschule für Musik und Theater Rostock unter der Leitung des Gründungsrektors Prof. Jochims
- Das Betonschiff macht im Stadthafen fest. Gezeigt wird eine Ausstellung mit Arbeiten der Rostocker Künstler Jochen Berthold, Karl-Heinz Kuhn und Armin Münch.

1998

- Stapellauf der »Hiorten«, Replik eines Postseglers von 1692 in Karlskrona, die als Gemeinschaftsprojekt der schwedischen Hafenstadt mit der Hansestadt Rostock verwirklicht wurde
- Marinemanöver der NATO in der Ostsee mit zahlreichen Schiffen im Stadthafen und begleitendem Rahmenprogramm durch das Sail-Büro
- Umzug der Mitarbeiter des Büros Hanse Sail in das sanierte ehemalige Sozialgebäude
- **8. HANSE SAIL VOM 6. BIS 9. AUGUST**
- Die offizielle »Hiorten«-Briefmarke und ein Ersttagsbrief, beides vom Rostocker Hilmar Zill gestaltet, wird herausgegeben.
- Erste Winter Sail. Windjammer und Schoner bieten im Stadthafen Weihnachtsfeiern und »Open Ship« an.

1999

- Die » Hiorten«-Replik startet am 2. Mai zu ihrer Jungfernfahrt über die Ostsee und wird in Rostock mit einem Hafenfest begrüßt.
- **9. HANSE SAIL VOM 5. BIS 8. AUGUST**
- Erstes Ostseeforum der Herder-Gesellschaft
- Das neue Jahrtausend wird unter Regie des Sail-Büros auf der Scandlines-Fähre »Mecklenburg-Vorpommern« mit einem festlichen Konzert der Norddeutschen Philharmonie und einem Feuerwerk auf der Ostsee begrüßt.

2000

- Das älteste deutsche Seebäderschiff, die »Undine« (ehemals »Kronprinz Wilhelm«), soll rekonstruiert werden. Der original erhaltene Rumpf wird zur Rostocker Neptunwerft überführt, um wieder Seefestigkeit herzustellen.
- Erste SACHSEN Sail von Karlskrona nach Rostock mit der »Khersones«
- **10. HANSE SAIL VOM 10. BIS 13. AUGUST**
- Festveranstaltung gemeinsam mit dem NDR in der Halle 207 der ehemaligen Neptunwerft
- Premiere des Hanse Sail Magazins für Kinder mit dem Maskottchen »Christopher«
- Erstes Kanoniers- und Böllertreffen mit acht Böllergruppen am Gehlsdorfer Ufer
- Das erste Rostocker Maritime Sicherheitskolloquium der Karl-Theodor-Molinari-Stiftung findet statt.

2001

- Die Hanse Sail präsentiert sich mit Partnern aus Mecklenburg-Vorpommern auf der Veranstaltung »München und Meer« in der bayrischen Landeshauptstadt.
- **11. HANSE SAIL VOM 9. BIS 12. AUGUST**
- Eröffnung durch Bundeskanzler Gerhard Schröder auf der »Greif«, die 50 Jahre zuvor in Rostock gebaut wurde
- Erstes Seefliegertreffen anlässlich des 75-jährigen Jubiläums des Seeflugwettbewerbes 1926 in Warnemünde

- Erstanlauf der Replik des Flaggschiffes von Zar Peter I. »Shtandart« aus dem Jahr 1703
- Jubiläen der Großsegler »Sedov« (80 Jahre) und »Kruzenshtern« (75)

2002

- Das Modell der »Passatwind« wird im Maßstab 1:50 gebaut. Den Bau dieser Bark für Rostock hat sich der »Passatwind sailing e.V.« auf die Fahnen geschrieben.
- **12. HANSE SAIL VOM 8. BIS 11. AUGUST**
- Erstanlauf des französischen Schulschiffes »La Belle Poule«, eines 1932 gebauten Toppsegelschoners. Mit der italienischen »Stella Polare« und der »Gorch Fock« nehmen drei Segelschulschiffe von Marinen an der Sail teil.
- »Mini Sail« im Kinderzentrum der Ostsee-Zeitung mit Schiffsmodellen und Vorführungen
- SACHSEN Sail von Hamburg nach London und zurück unter Rostocker Beteiligung

2003

- Eine Dau aus den Arabischen Erimaten erreicht anlässlich der Internationalen Gartenbauausstellung (IGA) Rostock.
- Erste Rostocker Marathon-Nacht am Samstag vor der Hanse Sail
- Klaipeda und Lübeck werden Mitglied im Baltic-Sail-Verbund.

Das Bild »Hafen« von Wolfgang Eckhardt war 2003 im Kunstkaten zu sehen.

- Die vierte SACHSEN Sail führt von Rostock nach St. Petersburg und zurück.
- **13. HANSE SAIL VOM 7. BIS 10. AUGUST**
- Kunstmeile im Stadthafen mit Standorten auf dem Jugendschiff, im Kunstkaten und im Hafenhaus
- Im Oktober zeigt Scandlines anlässlich des 100-jährigen Bestehens der Fährverbindung Rostock–Gedser gemeinsam mit dem Förderverein Tradition Ostseeschifffahrt e.V. an Bord des Fährschiffes »Prins Joachim« eine Ausstellung.

2004

- **14. HANSE SAIL VOM 5. BIS 8. AUGUST**
- Große Briefmarkenschau »HansePhil2004« mit Großtausch in der Stadthalle

- Ausfahrt von 22 Mädchen und Jungen der Evangelischen Pflege- und Fördereinrichtung Michaelshof an Bord des Holland-Klippers »Galene«
- Piratendorf vor der »Georg Büchner«
- Kolloquium zum ostdeutschen Schiffbau der Deutschen Gesellschaft zur Schiffahrts- und Marinegeschichte

2005

- Wahl von Roland Methling zum Oberbürgermeister der Hansestadt Rostock. Holger Bellgardt wird neuer Leiter des Sail-Büros.
- **15. HANSE SAIL VOM 11. BIS 14. AUGUST**
- Erste »Nacht der Kirchen«, Morgensignale und Seefahrergottesdienste
- Das Hanse Sail Business Forum mischt wichtige Diskussionen zu Wirtschaftsfragen mit entspannten Segeltörns am Abend.
- Premiere des Segelstadions im Stadthafen
- Wahl von Ivonne Menzel zur ersten »Miss Hanse Sail«
- Die »Science@Sail« öffnet Türen zu Wissenschaftlern und Laboren.

2006

- Die Deutsche Marine, seit 1991 enger Partner und Mitgestalter der Hanse Sail, feiert ihr 50-jähriges Jubiläum.
- **16. HANSE SAIL VOM 10. BIS 13. AUGUST**
- Die Thüringer Axel Brümmer und Peter Glöckner ma-

chen mit der Dschunke »Kublai's Kahn II« aus China via Venedig anreisend erstmals im Heimathafen Rostock fest.
- Die »Gerda«, Replik einer Brigg von 1868 aus dem schwedischen Gävle ist unter den neuen Gästen der Sail.
- Die Festspiele Mecklenburg-Vorpommern kooperieren mit der Hanse Sail beim Konzert im IGA Park »Die Prinzen orchestral«, das mit der Norddeutschen Philharmonie aufgeführt wird.

2007

- Die WARNEMÜNDER WOCHE findet zum 70. Mal statt.
- **17. HANSE SAIL VOM 9. BIS 12. AUGUST**
- Erstanlauf des polnischen Vollschiffes »Dar Mlodziezy« mit Unternehmern an Bord, die den Törn von Szczecin nach Rostock zum Kennenlernen und für Geschäftsanbahnungen nutzen. Beide Städte sind seit 50 Jahren Partner.
- Die 17. Auflage geht als »Nebel Sail« in die Geschichte ein. Sichtweiten von unter 20 Metern verhindern Regatten und zahlreiche Segeltörns vor Warnemünde.

2008

- Über 110 Kreuzliner laufen Warnemünde an. Saisonauftakt ist die Taufe der »AIDAbella« am 23. April unter Mitwirkung von Traditionsseglern und des Sail-Büros.
- Koggenfahrt aus Lübeck über Wismar zur Hanse Sail Rostock mit allen deutschen Koggenrepliken, der »Kamper Kogge« (Niederlande) und der »Tvekamp af Ellenbogen« aus Schweden.
- **18. HANSE SAIL VOM 7. BIS 10. AUGUST**
- 50 Jahre »Gorch Fock«, Segelschulschiff der Deutschen Marine
- Klassik-Konzert des »Symphonic Pop Orchestra« im IGA-Park

2009

- Die Baltic Sail begrüßt mit Gävle (Schweden), Swinoujscie (Polen) und dem Fährhafen Sassnitz drei neue Partner.
- **19. HANSE SAIL VOM 6. BIS 9. AUGUST**
- Eröffnung durch den neuen Schirmherrn, Ministerpräsident Erwin Sellering
- Festkonzert auf dem Gelände der ehemaligen Neptunwerft
- Erste Haikutter-Regatta von Nysted (Dänemark) nach Rostock
- Erste Parade der Nationen auf der Warnow
- Das EU-Projekt »SeaSide« mit 13 Partnern aus dem Ostseeraum nimmt seine Arbeit auf. Lead Partner ist die Hansestadt Rostock, vertreten durch das Büro Hanse Sail.

2010

- 200. Rostocker Hafenstammtisch seit 1993
- **20. HANSE SAIL VOM 5. BIS 8. AUGUST**

Danksagung

Unser besonderer Dank gilt dem Leipziger Fotografen Lutz Zimmermann für die wunderbare Kooperation sowie Roland Methling, Holger Bellgardt, Günter Senf und Horst Marx für die Bereitstellung von Materialien. Zudem bedanken wir uns bei allen Autoren und Fotografen, die in diesem Buch vertreten sind, allen, die uns Zuarbeit geleistet haben, sowie allen Mitarbeitern des Büros Hanse Sail und des Hanse Sail Vereins.

Annika Schulze und Klaus Dieter Block sind freiberuflich in der Presse- und Öffentlichkeitsarbeit des Büros Hanse Sail tätig und redigieren das Hanse Sail Magazin.

Weitere, laufend aktualisierte Informationen: www.hansesail.com

Bildnachweis
Lutz Zimmermann: Cover, 2, 6, 17, 19, 28, 29, 30, 31, 33, 35, 37, 38, 39, 40, 43, 47, 50, 51, 52 (2), 56, 59, 60, 62 (rechts), 65, 67, 68, 70, 71, 72, 73, 74, 75, 76, 77, 78, 79, 83, 84, 86, 87, 88, 89 (2), 91, 92, 95, 96, 97, 98, 102, 103, 108, 109, 114, 116, 117, 122, 125, 127, 129, 130, 133, 134
Dieter Stroh: S. 1
Claes Axstal: 8, Rücktitel
Archiv Büro Hanse Sail: 11, 12 (2), 13 (2), 14 (2), 15 (links), 20, 25 (2), 26, 42 (2), 46, 54 (4), 55 (4), 62 (links), 100, 101 (rechts), 104, 105, 106 (2), 107 (6), 112, 113 (Foto: Enrico Eisert), 140, 141
Archiv Manfred Kramer: 15 (rechts)
Fotoagentur nordlicht, Frank Hormann: 23
Ulrich Grün: 63
Silke Paustian: 44, 115
Archiv Peter Rath: 45, 81, 90
Annika Schulze: 49
Rudolf-Georg Nicklau: S. 58
Dr. Klaus-Dieter Block: 101 (links), 128
Britta Trapp: 110
Dr. Thomas Förster: 120
Norddeutsche Neueste Nachrichten, Georg Scharnweber: 143

Rücktitel: Die »Khersones«
S. 1: Die Galionsfigur der »Mircea« ist keine vollbusige Meerschönheit, sondern eine Büste von Prinz Mircea dem Alten
S. 2: Das russische Vollschiff »Mir«, häufiger Gast in Rostock
S. 6: Das Wasser ruft ...
S. 20: Plakat zur Hanse Sail 1991
S. 56: Feuerwerk über der Warnow
S. 143: Ein Großteil des Teams der 19. Hanse Sail

Die Deutsche Nationalbibliothek verzeichnet diese Publikation in der Deutschen Nationalbibliografie; detaillierte bibliografische Daten sind im Internet über http://dnb.ddb.de abrufbar.

Lagerstraße 7, 18055 Rostock
Tel. 0381 / 4969 - 0
www.hinstorff.de

1. Auflage 2010

Herstellung: Hinstorff Verlag GmbH
Lektorat: Dr. Florian Ostrop
Druck und Bindung: Stadtdruckerei Weidner
Printed in Germany
ISBN 978-3-356-01367-2